格雷格·L.威特

致托林、塔利森、特雷辛和艾拉·威特——我的新生代

也致所有在寻找答案的过程中质疑权威的年轻人

德里克·E.贝尔德

如果说我有从撰写这本书的过程中学到了什么，那便是——新生代将改变世界

我要感谢在我撰写本书的过程中与我交流、让我融入新生代的年轻人

THE GEN Z
FREQUENCY

新生代
消费者要什么

个性时代的品牌生存法则

［美］格雷格·L.威特　德里克·E.贝尔德　著

彭琪美　译

ZHEJIANG UNIVERSITY PRESS
浙江大学出版社

我看了一眼这本书的封面就决定为它写序了——没错，我会从封面来判断一本书的价值。在读过这本书之后，我更加确信，这是一个宝藏，不管是从字面上还是比喻意义上来看都是！

作为一个市场营销专家和讲书人（storyteller），我会指出这个"95后"群体对数字营销市场的重要性和影响。这个群体是现代的、多样的、具有高度创业精神的。我也可以列出这一群体与"70后""80后"和"90后"的关键性区别。但我更想以两个10多岁男孩的母亲这样一个身份来谈这本书。我每天都在经历伟大的冒险，去理解这些身上融合了多元文化的孩子（或者说是"多元文化的一代"）的想法，去理解他们为什么要这样或那样做一件事。我失败的次数远比我想承认的多。

我非常感谢这本书。

格雷格和德里克不仅是年轻人文化和品牌营

销方面的专家，还是公认的"指路人"。他们创作的这本书将带领你们走进这片未曾涉足的崎岖领域，学会与"95后"的年轻人进行有效的沟通，让你们看到我们这些市场营销专家或品牌、机构在发掘年轻人市场时的不足及面临的挑战。这会让你们获得在这一陌生领域生存的必备技能，确保你们每一步都能走得稳健。

这本书是为探索者——市场营销人员、沟通专家、战略家及有创造力的人——所写的，因为他们想要具备成功吸引年轻人并长期圈住他们注意力的能力。总之，这本书具有启发意义（还有点警示的意味），推动我重新思考、策划、定位我自己，收获更理想的工作成果和家庭生活。

亲爱的读者，阅读吧，探索未知的年轻人文化，看一看格雷格和德里克的经历，失败的也好，成功的也好，你都可以加以利用，作者慷慨分享的技巧会帮你融入年轻人，探索和理解这个群体的特质。

米里·罗德里格斯（Miri Rodriguez）

微软说书人

成功触及年轻人的品牌都有一个共同点：

他们知道如何与目标客户保持同样的"波段"。

"95后"用他们这一代独特的声音和波段来表达和沟通。这个还没有被正式定义的声音是由多种不同的声音混合而成的。从年轻人的大群体、亚群体、微群体，下至每一个人——都有他们自己的声音，每个人的声音都是由他/她的想法、喜好、厌恶、兴趣、动机等组成的，传达着个体的独特性，而所有这些声音组成了他们独特的世界。每个声音、每个波段都讲述着一个重要的故事，帮助我们理解这个群体。我们必须倾听他们的声音，与他们产生共鸣，了解他们并不是一个简单的同质化的群体。

"95后"（在美国被称为"Z世代"，指出生在1996年至2011年的一代人），他们也许生理上没有完全成熟，但他们处世老练、细致。要想真正倾听他们、与他们交流，我们需要认真对待、关注这个群体，掌握这个群体的文化特征，知道他们想要和需要什么。只有当我们能熟练融入这个群体并用他们的"波段"进行沟通交流，我们才能真正建立起与年轻的目标客户的联系，这种联系能为我们带来合作、忠诚与成功。

消费者和品牌之间的交流有以下几种途径：视频、图片、声音、文本、虚拟或真实世界的体验。就算有了这些交流，也不一定能马上知道什么可行、什么不可行及其背后的原因。你的品牌受到正面的关注还是负面的关注？有足够高的关注度吗？想让品牌成为年轻人对话中的一部分，但如果没有融入年轻人的文化，无论你提供什么样的内容、体验方式、渠道，都是没有用的。

在《新生代消费者要什么》一书中，我们分享了大量可以指导你融入并参与年轻人文化的信息资料和工具，真实的联系是关键——成功的品牌都是与年轻人在同一"波段"的，无一例外。

你了解"95 后"年轻人吗？

直面现实：年轻人并非只喜欢"点赞"、爱心和独角兽

20 年来我们一直站在品牌方和机构的角度看问题，这让我们认识到在向年轻人推广产品时没有所谓完美的解决方案，也不可能在短时间内抵达他们的内心。到目前为止，这个群体是我们所遇到的最庞大也最多样化的群体，他们无法忍受那些没有投入时间去了解他们的企业。为了不让企业失去公信力，我们要做的是把他们当成实在的个体，融入他们的群体中，积极地为他们的文化做贡献。让他们追随，与他们建立联系，这一法则适用于所有企业，不论是大型国际品牌还是初创小公司。我们曾与不同领域的许多品牌方合作过，大量事实证明，真正融入年轻人群体才是成功俘获目标客户的根本。

我们是谁？为什么你们要读这本书？

格雷格·L.威特是著名的文化市场营销策略家和公共演说家，同时担任 Motivate 公司年轻人市场部（Youth Marketing）行政副总裁，专门为以"95

后"年轻群休、文化背景多样的消费者为目标市场的品牌提供建议和营销策略。2016年，格雷格获得《公司》（*Inc.*）杂志顶尖年轻人市场营销专家（Top Youth Marketer To Follow）的称号。德里克·E.贝尔德是专注于儿童、家庭和青少年数字战略及创新的顾问，是在青年媒体和娱乐领域的文化、性别、种族多样性倡导者，同时是佩珀代因大学（Pepperdine University）教育心理研究生院的客座教授，以及迪士尼发明家奖（Disney Inventor Award）的获奖者。过去的这20年里，我们和各种公司有过合作——从初创小公司、非营利性组织到迪士尼、雅虎等大型国际公司，我们给多所世界大型广告机构提供过咨询服务，成立了两所前沿年轻人市场营销机构。此外，我们还担任享誉美国的青年研究和创新组织 KidSay 的战略顾问，许多领先品牌采用了这家组织的年度趋势跟踪研究，以在充满变化的年轻人市场中保持领先地位。这一工作让我们对年轻人的潮流和行为有深入的了解，从而能够预测重要的风尚和趋势，比如游戏《我的世界》（*Minecraft*）和指尖陀螺的流行，以及 YouTube、Instagram 和 Musical.ly[①] 的崛起。在本书中，我们会分享我们对年轻人文化的洞察。

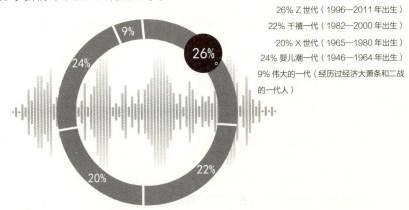

26% Z世代（1996—2011年出生）
22% 千禧一代（1982—2000年出生）
20% X世代（1965—1980年出生）
24% 婴儿潮一代（1946—1964年出生）
9% 伟大的一代（经历过经济大萧条和二战的一代人）

美国 Z 世代人口百分比估值，根据尼尔森总体用户报告（Nielsen Total Audience Report）得出。
数据来源：尼尔森（2017），插图来自迈克·卡内维尔（Mike Carnevale）

---

① Musical.ly 已于2017年11月被今日头条正式收购，后被整合至抖音（Tik Tok）。

支撑本书观点的研究

为了给这本书的撰写奠定坚实的基础，我们决定挑战人们对现在年轻人的固有认知，去认识当下这个不断"进化"着的群体，我们想，唯有这样才能理解什么叫作"契合年轻人的波段"，才能去感受他们并建立公信力。就像我们对用户说的那样：如果能有机会得到用户的反馈、参与到这场文化盛宴中，就不要闭门造车。在 2017 年至 2018 年，我们进行了为期 6 个月的定量和定性研究。

在第一阶段，我们建立了一个年轻人咨询委员会，在圣迭戈 SET（School for Entrepreneurship and Technology）高中[1] 试运行。最初这个委员会只有 140 名学生，在 2017 年运行了几个月，结果很成功。于是我们扩大范围又办了一个，这一次更有全国代表性，将比较保守的地区和相对新潮的地区均纳入进来（奥斯汀、芝加哥、明尼阿波利斯、纽约、俄亥俄州、圣迭戈和西雅图）。为了更好地沟通和培养社群感，我们从面试的人当中选出 61 名作为委员会的成员，这样一来，既做到了规模可控，又做到了视角多样。入选者年龄均在 13 ～ 18 岁，这是"95后"的中间段年龄范围，这一年龄段成员拥有不同的天赋与个性，有利于社群内部的交流互动，调动群体的能量，也有助于激发使命感。

我们和委员会成员之间的互动包括每个月的专题调查、面对面和手机视频采访，以不断地获得对本书的视角、方法、战略框架的反馈。这个定性研究有以下目标：

- 更了解他们的希望与恐惧；
- 深入了解他们的媒体消费偏好；
- 评估他们的消费习惯：网购 vs 实体店购物；
- 获得他们有关环境、社会变迁、伦理和隐私的观点；
- 进一步探索文化趋势如何塑造他们的生活。

---

[1] 这所学校专门培养创业者和科技人才。——作者注

通过一些有创意和启发意义的主题，我们得到了深度的探索结果，主题有"什么品牌烂透了，为什么？""如果你只能选 5 个品牌跟你'共度余生'，你会选哪 5 个？并说明理由"。为什么要问这些奇怪的问题？因为这些年来我们学到了一点：你问无聊的问题，你就会得到无聊的回答。

为了有更为广阔的视角，我们的下一阶段便是利用 KidSay 的趋势跟踪数据来做定量观察，研究年轻人的趋势图，并看看我们的定性研究结论对更大的样本（每年 6000 个）是否适用。还有一些非常重要的研究素材来自访谈，访谈对象是那些年轻人崇拜的影响力人物、创作者，我们已经与他们建立了联系。相比普通人来说，这些具有影响力的人物对年轻人群体有着更深的了解，因为他们一直在与年轻人群体打交道，因此我们必须将他们纳入我们的研究。

最后，为了让我们的研究结果与市场现状对接，我们对成功的市场营销专家、企业家、研究人员——这些在年轻人市场中扮演着不同角色的人——做了采访，总计 43 场。目标有两个：第一，请他们对我们的研究结果和观点发表意见；第二，请他们分享看法，或者给我们的读者提供一些建议。我们对收集到的结果进行了分析，发现了以不同形式多次出现的 5 个中心主题，这些主题也正是我们在本书中将要解决的问题。

- "95 后"倾向于拒绝没有清晰可靠的品牌故事和内涵的公司。
- "95 后"在乎的是他们的隐私被保护、受到品牌的倾听和尊重，以及品牌的可靠度。
- "95 后"想要这样的品牌：与他们的热情和兴趣有关，为他们的生活增添色彩，支持他们所做的事情。
- "95 后"更想要这样的品牌：能激励他们前行去实现他们的梦想，会寻找新的和独特的方式给予他们能量。

- "95后"寻求能够提供创建社群的经验的品牌。这个社群是能让他们产生归属感的地方，能让他们参与其中并为之兴奋；在社群中，他们可以分享一切。

你可以从本书中获得什么

第 1 章，我们探讨品牌及其代理商在试图与年轻人建立联系或者以他们为对象进行营销的过程中遇到的一些问题和挑战。这并不容易，但如果我们不去面对这些问题，草率地做一些与年轻人不相关的活动，则可能面临巨大的损失，还会产生深远的不良影响。我们用一个品牌的故事来做例证，这个品牌几十年来一直在追逐一种特殊的年轻人亚文化，最后终于成功了。这个执着的国际品牌的"真身"或许会令你惊讶。

在第 2 章中，我们会揭秘这些年轻人的身份——他们是谁，他们是怎样交流的，在哪里可以找到他们，在这一代中长大是一种怎样的体验。通过深入挖掘他们的身份，搞清楚是什么塑造了他们和他们的行为，我们会开始了解如何接近他们。

第 3 章中有一些重要的指导意见，帮助你在年轻人市场获得成功。我们注意到有些基本的"事实"能让品牌和年轻人建立联系，让品牌深入了解年轻人的思维方式。在这一章中我们会要求你完成一个由 5 个问题组成的自测，让你知道自己是否准备好了攻占年轻人市场，帮助你发现需要解决的问题和困难。

第 4 章开篇将探讨个性化时代的年轻人文化，以及这一文化给品牌带来的挑战。然后我们会建议品牌方升级他们的市场细分法，以便发现与品牌最"来电"的目标客户。不管你是刚刚起步，还是在拓展业务，或者正愁找不到好的方向，我们都会帮你重新建立与目标受众之间的联系，从大群体到细分小派别，都一网打尽。在此你会发现一个综合工具，可以让你与志趣相投的受众产生联系，从而激发出商业活力。

第 5 章我们会讨论如何设计和实现合作研究策略，以揭开年轻人内心的想法，只有这样，才能清楚他们会如何回应。我们还会在本章中讲述让我们的研究过程变得参与度高、有效且不"学术味"的招聘策略、技巧和工具。最后分享一个案例和一个采访，以例证合作性研究的好处。

第 6 章是打造有效的年轻人参与策略的指南。我们会带你探索让年轻人和品牌建立"统一战线"的核心策略。这是我们在前几章所述的所有工作的总和，它会带你走上成功之路。

在第 7 章中你将探索触及用户并吸引用户参与的社交媒体策略和战术考量。我们将教你利用社交媒体、影响力、新兴技术如 VR（虚拟现实）和 AR（增强现实）等，以及一些不成文的社交互动规则，让你的品牌在网上受到年轻人的瞩目。在美国，有一些品牌会利用"网红"（influencers）展开营销活动，对此我们会介绍最新的美国联邦贸易委员会（Federal Trade Commission, FTC）有关"网红"的一些指导方针，以确保你的品牌走在正轨上。

第 8 章整章都会探讨"内容"。我们会回顾第 3 章所说的"事实"，然后应用到内容规划和策略上，再看看在各个社交平台上需要用怎样不同的声音和基调。从选择主题标签到建立社交平台上的品牌页面，本章涵盖了每个品牌在策划内容以吸引年轻人时都需要考虑的关键因素。

第 9 章描述了打造以年轻人为核心的功能性的、有活力的、健康的网络社区所需要的关键策略。在本章中，我们会讲到线上社区管理和网络隐私，包括美国的《儿童网络隐私保护法》（Children's Online Privacy Protection Act, COPPA）和欧盟的《通用数据保护条例》（General Data Protection Regulation, GDPR）。这一章中的案例能够让你从更广阔的视角看待线上社区管理的概念。

第 10 章需要所有与你的品牌相关的人聚精会神地阅读。在开展针对年轻人的社交和影响力营销中，我们认为"赢得媒体报道价值（EMV）"[①]是评价品牌表现的重要因素之一。这是根据实际参与度来衡量的，而不是一个估摸的印象。

第 11 章中我们会呈现我们的结论，对我们在本书中所讲的内容做一个概括，思考接下来的计划、想法和活动。

最后，在后记部分，我们会分享一些来自年轻人市场营销领域的真实案例。其中有的是成功案例，有的是失败案例，但每个故事都对我们有所助益。

与年轻人的文化同步并不简单，这本书会指引你在复杂的环境中找到成功的道路。我们将帮助你重新审视你的品牌，评估你的策略，以探索新的方式来和高度个性化的这一代人合作。即便拥有丰富的洞见和经验，针对年轻人市场的营销仍是一个挑战。这段时间里我们目睹了很多错误，也犯下了许多错误，但我们最终学会了如何更好地倾听年轻人，如何用他们的方式进行交流。每个客户、品类、任务、问题、时间轴、预算和团队都是独特的，因此挑战也是各异的，但这些挑战有一个共同点，那便是需要你和你的受众在同一波段并产生联系。本书将会带领你融入年轻人，建立公信力。

---

① 指通过媒体上非付费的宣传活动获得的宣传效果。——译者注

01 一个真实的故事：探索年轻人的文化

02 从社会学角度看"95后"年轻人

01

一个真实的故事：探索年轻人的文化

随着世界越来越重视亚文化和小群体，品牌应该支持、鼓励这些亚文化，而这些亚文化反过来也会依赖品牌。如果品牌能赋予年轻消费者力量，将比广告和空洞的叙述更能激起年轻人的热情。这不仅关乎品牌形象，更关乎品牌是否代表着年轻人的文化。

杰奥弗里·科隆（Geoffrey Colon）
微软高级营销传播设计师、
《颠覆性营销》（*Disruptive Marketing*）作者

直面与年轻人文化的冲突

　　如果将目标定位于年轻人文化，那么全世界的公司都面临着同样的挑战：理解今天的年轻消费者非常困难。这是为什么呢？尽管我们都曾年轻过，但只要当下我们不处在这一年龄段，我们就不是年轻消费者中的一员。不管我们多么努力，我们收集到的都只是二手信息。虽然"95后"是在我们所创造的世界中长大的，但他们看待这个世界的视角是独特的。一些研究者认为，年轻人文化代表着"与成人世界相冲突的价值观"，在这种情况下，成年人怎么可能与年轻人文化真正产生联系呢？不过，虽然年轻人和成年人在兴趣和优先考虑的事情上存在矛盾，但其实年轻人文化和成年人文化还是存在许多相似之处和共同价值观的。请冷静地看一看你对年轻人文化抱有的偏见和假设，然后倾听这个群体，了解他们是如何体验这个世界的。我们要站在他们的角度来看，直面冲突。

　　我们会在本书一开始例证一些接触年轻受众时的通用原则，这些原则对于"70后"到"95后"都适用。你不必抛却所有你知道的关于年轻消费者的信息（毕竟我们还是在探讨人类行为）。如果我们可以先建立基本的认知，搞清楚几代人的共同点，便能更自如地探索其中一代人（不管是"95后"还是其他世代）如何塑造和表达他们自己的身份，如何形成冲突，是怎样一个难解的谜。

商业离不开对相关性的培养

这里要说一个真实的故事，关于一个国际大型运动品牌如何一路走来成为具有影响力的年轻人品牌——我们要说的是耐克（Nike）。耐克是滑板和街头风穿搭领域最受推崇的品牌之一，但它的发展之路并不是一直顺风顺水的。事实上，耐克不得不经历数次蜕变才得以收获今天在年轻人文化领域的成功。要想知道它所经历的重大变革，我们还得从 20 世纪 70 年代说起，当时，耐克刚刚开始注意到滑板运动。

耐克不经意间开启了和滑板的缘分。当时，耐克还没有找滑板运动员代言，也没有赞助滑板运动，它仅仅只是给一些当时受欢迎的滑板团队如 Alva、G&S、Powell Peralta 提供鞋子以示支持，最多也就是参与一些赛事，品牌曝光率很有限。而且它在滑板界的存在感也随着 20 世纪 80 年代末到 90 年代初滑板的流行度下滑而渐渐衰弱，一直到 1995 年，都未有什么起色。1995年ESPN的极限赛事X Games [1]（当时称为Extreme Games）诞生，这是包括滑板在内的极限运动进入大众市场的一年，也是耐克正式开始对这一蓬勃发展的运动产生兴趣的一年。

1995年，耐克赞助了X Games。1996年，耐克在两大滑板杂志上刊登了广告，但很多滑板爱好者都不喜欢。随后在1997年的X Games比赛上，耐克发起了一场广告营销，名为"如果（What if）"，借此宣传其滑板产品，该广告获奖无数。广告提出了这样一个问题：如果其他运动项目受到的待遇和滑板一样，如果警察也像对待滑板爱好者那样，经常找高尔夫球手和乒乓球运动员的麻烦，会怎样？虽然广告明确表明支持滑板运动，但还是没能赢得滑板爱好者群体的心。这很大程度上是因为品牌本身没有在滑板圈子花足够的时间和成本，同时这个圈子也没有准备好接纳外界的讨好。

1998年，耐克首发极致滑板系列，以具有艺术风格的滑板鞋为特色。尽管这次尝试和以往完全不同，但对于许多滑板爱好者来说，它还是"跑偏"了。当年这个系列在加利福尼亚举办的X Games赛事中受到了不冷不热的待遇。诺姆·麦克唐纳（Norm MacDonald）曾任Ultimate Distribution（一家加拿大滑板经销商）分店Ultimate East的总经理，他在2018年告诉我们："耐克在Mission Beach举办的X Games比赛上将第一批耐克滑板鞋赠送给官员和贵宾。但我记不清是哪一年了……我把我收到的那双送人了。"乔雅·本德勒（Jaya Bonderov）是一位顶级的专业滑板选手，也是X Games的获奖者，他曾经是耐克滑板队的一员，在公共场合只能穿耐克的鞋服——即使是他，也曾经有一段时间找不到合适的滑板鞋型。（以上源自格雷格的经历，他亲眼见

---

[1] X Games是由全球体育内容巨头ESPN独立运营的国际体育赛事IP，创立20多年来，已经成为极限运动的最高殿堂。——译者注

证了耐克第一款滑板鞋的诞生，他和本德勒同是 Adrenalin Skateboards 这一品牌的合伙人。)

仅仅 12 个月后，耐克就取消了这个系列。耐克离目标仍旧很远，但它不屈不挠，它想要这块市场，因此它将以更聪明的姿态回到这个圈子。

别指望一夜之间赢得年轻受众的心

对任何公司来说，进入一个新的市场都不是件容易的事情，不管这个公司多大、多成功。如果这个市场像滑板市场这样难进入，就意味着这个市场的文化高度抵触主流公司，但公司一旦进入，收益也会非常高。最开始受到滑板界喜爱的品牌都是在圈内孵化出来的，比如 4CE、Aera、Axion、C1RCA、DC、DuFFS、DVS、Etnies、Emerica、éS 和 Sens。当时这些小品牌让耐克黯然失色，因为滑板圈的人一直对主流文化持怀疑态度，无论这个主流文化多"小众"。

20 世纪七八十年代，Blazer、Dunk 和 Air Jordan 成为滑板鞋必选品牌，这主要是因为当时只有这些品牌，而且价格合理，脚感舒适。在鲍威尔·佩拉尔塔公司（Powell Peralta）的《追寻滑板神》（*The Search for Animal Chin*）这部经典的滑板电影中，最后的情节高潮是四位世界著名的滑板选手同时表演单手倒立，四人中有三人穿着耐克旗下的 Air Jordan 的鞋子。其中一个专业选手兰斯·默顿（Lance Mountain）说：那时候很多滑板玩家买 Vans 的鞋子，导致 Vans 供应不足，所以电影里这支名叫"白骨队"（Bones Brigade）的团队中，除了托尼·霍克（Tony Hawk），其他人都没有 Vans 的鞋子穿。当一个装着 Air Jordan 1 鞋子的盒子寄到鲍威尔·佩拉尔塔公司以后，兰斯、史蒂夫·卡巴莱罗（Steve Caballero）和迈克·麦吉尔（Mike McGill）都表示很喜欢 Air Jordan 的鞋，立刻就穿起来了。尽管耐克已经成为这个经典荧幕场景的一部分，但由于文化隔阂，它并没有因此在滑板圈子中扎根。直到 25 年之后，耐克才主导这个市场。

把握趋势，别让它扰乱你的计划

  显然，是耐克的"大牌"地位让它难以被滑板圈接受。要想了解这些滑板爱好者，最有效的方式是从最底层去接触他们。2001 年，耐克和 Savier 合作——后者是一个来自俄勒冈州波特兰的鞋类初创品牌。实际上，Savier 是独立的子公司，但它凭借耐克的资金起步，还能接触到耐克的技术实验室，Savier 的老板甚至在成立自己的滑板鞋品牌前曾为耐克（和 Burton Snowboards）工作过。这是一场共赢的合作：耐克得以在这个市场有一席之地，也不至于惹怒那些抵触它的人；Savier 则可以得到资金支持，也没有大型鞋企日夜盯着它。双方悄悄地进行着这一合作。

  一开始，合作开展得不错。有了耐克的技术实验室和工厂，Savier 研发出一些又酷又有性能亮点的鞋子，受到了滑板爱好者的青睐。专业的和业余的滑手组成室内测试小组，专门对新款鞋子的性能进行测评。耐克一直坚持和这个由滑板圈内人士组成的团队开展圆桌会议，讨论鞋子的色彩和设计。

  Savier 和滑板圈有了深厚的交情，专注于在"草根"层面开拓市场。它为当地乃至全国的业余滑手提供产品、举办比赛，帮助维修公共和自制的滑板运动场，甚至在赛事中提供以旧鞋换 Savier 新鞋的活动。销售代表在活动现场售卖鞋子，同时也负责为活动现场提供支持。滑板圈备受尊敬的滑手与销售代表们一起活动，以至于整个受众市场都开始关注 Savier，它真正融入了这个圈子。

然而，还是出现了一些问题。随着一些小品牌无法实现承诺过的技术，眼看着衰落下去，一股低科技含量、低价格的风尚盛行开来。对比之下，Savier 虽有高端技术，但其外形和价格的"高端"就与市场趋势不一致了。

尽管 Savier 努力融入底层圈子，定位年轻人文化品牌，支持滑板选手，它在产品上还是"脱靶"了。更确切地说，是市场的喜好转移至别处了。如果它顺应趋势改变，就成了抄袭和跟风。虽然 Savier 很好地与滑板圈建立了联系，也被接受了，然而 2004 年它还是被迫关门了。

打造核心受众，深化彼此联系

与此同时，也发生了一些有趣的事情。耐克默默地发展着品牌下的滑板圈业务，同时努力搞清楚真正的滑板文化。推出 Savier 是耐克的明智之举，这有利于耐克走进滑板活动的现场——如果成功了，很好；如果没有，没关系，也不是耐克的失败。最终，人们还是注意到了 Savier 和耐克的关系，它歪打正着地为耐克滑板鞋系列（Nike SB）开辟了道路。

森迪·博迪克尔（Sandy Bodecker）在 2018 年是耐克的专项副总。他曾经一边带领着耐克向足球领域前进，一边目睹着极限运动的发展，想让耐克分得极限运动市场的一杯羹，但这不是他擅长的领域。2000 年，他开始深入滑板圈，并与罗比·杰弗斯（Robbie Jeffers）会面，杰弗斯管理着 Stüssy 滑板队，在滑板和街头穿搭文化中备受敬仰。一开始，杰弗斯和这个圈子里的其他人一样并不信任博迪克尔，但博迪克尔的承诺打动了他，随后他们约定了三项基本准则：

●**倾听**：恢复耐克经典款——Nike Dunk；

● **共同创造**：让滑手们参与到鞋子的设计过程中；

● **承诺**：注资打造好的产品，至少花 5 年时间建立受众群。

杰弗斯成为耐克滑板团队的管理者，他选出四位专业滑手作为队员，这四人能够促进、推动该文化的发展。其中一名成员理查德·穆德（Richard Mulder）曾表示，自己之所以会考虑耐克这样的品牌，是因为"耐克是以谦逊的姿态接近我们这个圈子的……他们没有装作什么都知道"。耐克滑板鞋系列就这样被构思出来。

穆德和其他三名成员瑞斯·福布斯（Reece Forbes）、基诺·扬努奇（Gino Ianucci）、丹尼·苏帕（Danny Supa）在滑板界享有很高的声望，每个人都被称为"顶尖滑手"，他们都支持耐克经典款。在模型制作过程中，耐克多次向他们征求意见，还送样鞋给他们试穿，以确保鞋子设计的舒适度。听了这些滑板"使者"的意见，耐克制造出一款非常适合滑板运动的产品，最初的这四个人——以及后来的许多人——因此对这段合作十分投入。"滑手在这个过程中扮演着非常重要的角色，"博迪克尔说道，"这是大家共同努力的成果，也是要连接、倾听、支持核心滑板群体的承诺。这是让事情进展顺利的催化剂。"

2002 年 3 月，耐克滑板鞋系列与 Colors By 系列同时发售。四款耐克经典板鞋中的每一双都有独特的颜色和材质组合，分别对应当初的四名滑板选手。最初滑手们就是穿着这款鞋玩滑板的，耐克重新发售这款滑板鞋使得这种情怀得以延续。它不仅蕴含着历史与怀旧情怀，也具备专业滑手认可的绝佳性能。

之后，耐克和街头穿搭零售品牌 Supreme 联手——后者当时专注于滑手和滑板文化。Supreme 很重视滑板圈，和朋克音乐家、流行音乐家、艺术家、设计师、摄影师也都有合作。它维持很小的生产规模，以保证产品专属于滑板文化圈。2002 年 9 月，耐克和 Supreme 联合发布了两个色系的低帮板鞋 Dunk Low Pro，这是专门为滑手、街头文化爱好者和鞋迷这几类人所设计的。

耐克的滑板鞋系列传达了一种生活方式，它契合低科技、街头风的市场潮流；它还选择仅在独立门店销售的形式，强调了耐克对滑板圈的承诺。随着滑板圈的人注意到这个系列，其销量开始往上走。由于耐克只瞄准这个小的、特殊的核心市场，滑板鞋系列的总销量很有限。耐克不想发展过猛，而是想深深扎入这个文化圈，它潜心做巨大的战略改变，走长远的路。它的产品完全是围绕滑板文化的：它的赞助支持、广告、门店、合作的艺术家及影响力人物——一切的一切——都是来源于这个群体，也导向这个群体。耐克成功地融入了滑板圈。这对建立联系是关键性的一步，让耐克的鞋款最终变成滑板鞋的代名词。

2004 年，耐克签约了两位滑板界的大人物——保罗·罗德里格斯（Paul Rodriguez）和路易斯·马内尔（Lewis Marnell）。很快，在 2009 年之前，它又赞助了斯特凡·捷诺斯基（Stefan Janowski）、布瑞恩·安德森（Brian Anderson）、奥马尔·萨拉萨尔（Omar Salazar）、艾瑞克·克斯顿（Eric Koston），甚至最具影响力的滑手之一——兰斯·默顿。耐克还出资与在滑板圈受欢迎的艺术家和音乐家展开合作（见下框）。

耐克主要的品牌合作

Stüssy（斯图西）、Huf（Keith Hufnagel）、NYC graffiti legend Futura 及 Brian 'Pushead' Schroeder（后者为 Zorlac Skateboards 和 *Thrasher Magazine* 创作了传奇性的插画）。耐克和 Staple 合作发售了一款限量鞋，有幸买到这款鞋的人都得从店后门走，偷偷上出租车，以免被抢劫。一些

受滑板圈喜爱的乐队，如 De La Soul、Slayer、The Melvins 和 Dinosaur Jr.，都与 Dunk 系列有纪念性合作。2005 年耐克和 *Thrasher Magazine* 合作出了一款 Blazer 系列板鞋，纪念 1981 年出现在该杂志封面上的一幅插画。啤酒品牌、红酒公司也有特别的合作纪念款，还有一款鞋 Skunk，是与滑板艺术家托德·布拉特鲁德（Todd Bratrud）联名推出的。而"堕落的偶像（Fallen Idols）"系列使得滑板文化玩世不恭的幽默成为永恒，这一系列的特点是采用有争议的偶像形象，比如"皮威·赫尔曼"（Pee-wee Herman，美国著名喜剧角色）和瓦尼拉·艾斯（Vanilla Ice，嘻哈说唱歌手）。

耐克的 Dunk 低帮鞋与来自街头文化、年轻人文化中的人物和故事相结合，深受滑板圈的喜爱，也在世界范围内得到了认可。事实上，Dunk 太受欢迎，以至于很难确定买家是滑手、鞋迷，还是普通人。2013 年，耐克已经从滑板圈内一个毫无名气的品牌蜕变为占据 55% 北美滑板鞋市场份额的龙头老大，随之兴盛的滑板鞋潮流又为耐克带来了更广泛的全球受众。

每个人都难免会犯错，即便一家市值 110 亿美元、拥有无数资产的公司，也会错失目标。然而不是每个企业都能从错误中回头来评估、学习、继续努力，直到达成目标。这需要勇气、专注，并在最后阶段贯注全神。如今，耐克因其深深扎根于年轻人文化而为人所知。它成为年轻人认可和尊重的滑板文化的标杆，并持之以恒地以革新的方式与年轻人的文化同行。以下是关于耐克获得成功的一些要点。

──────────────── **本章要点** ────────────────

● **与和你品牌相符的年轻受众发展出有意义的联系，并长期忠于他们的文化。**
潮流会周期性更替，调整目标受众群体是可以理解的，但是如果在市场不景气的
时候就退出，会造成严重的负面影响——不要这样做。

● **不要猜测：不要以为年轻人与你想法一致。**自问一下，你传递的什么东西
是年轻人需要的、想要的？你在填补的是一个有需求的市场吗？你是在教育他们
还是在娱乐他们？如果你没有提供真正的价值，最好重新考虑一下你的计划。

● **在想要成为权威之前，确认一下年轻群体认为的权威是怎样的。**不要以为
很容易就能融入年轻人的圈子；权威装不了，也买不来。

● **预见趋势，别让它打乱你的计划。**雇用圈内人士或与圈内人士合作，让自
己赶在会影响市场的潮流之前——对任何规模的公司来说，追赶潮流都是危险的。

● **以一定的频率前进，保持灵活，但是要围绕你的核心受众。**与那些跟你的
品牌气质契合的人或伙伴合作，有利于深化你与目标群体的关系。随着品牌的扩
大和成长，要避免对成就你的年轻人文化有不尊重的行为。

02

从社会学角度看"95后"年轻人

不要给我们贴标签。"有凝聚力的世代"这个概念毫无意义。

科尔南·马杰卢斯－柯林斯
（Kiernan Majerus-Collins），
22岁（2018年），缅因州路易斯顿民主党主席

聚焦"95 后"

新的一代总有从前一个世代进化出来的欲望，"95 后"也不例外。这一代人独一无二，手机是他们重要的组成部分。这一代人被技术和前所未有的信息渠道所滋养，正影响着社会的方方面面。想要成功地对"95 后"进行营销、开展教育，并与其建立联系，就要融入这一代人。

在这本书中，我们分享重要观点的同时也会解释什么样的策略和技巧可以为你所用，帮助你的品牌建立公信力，理解"95 后"独特的文化偏好。而当你学习这些方法的时候，不要仅仅把他们当成电子表格上的数据或是增加你营收的目标客户，而是要去理解他们及他们的文化。

在本章中介绍的基础人口学资料之后，我们会向你介绍英国最年轻的CEO 詹克·欧茨（Jenk Oz），你将会知道爱尔兰的学生是怎样在课堂上利用 VR 技术的，我们还会讲到为什么获托尼奖（Tony Award）的音乐剧《致埃文·汉森》（Dear Evan Hansen）在美国年轻人文化中能有如此好的反响。如果这听起来像是各种各样的信息集合，别急，你会与这个文化中的个体邂逅，正是他们创造了这个活力四射、正在崛起的一代人的文化。

"95 后"的标签

　　要理解年轻人，你必须先懂得他们的生活、数字习惯（digital habits）、奋斗目标、行为榜样、文化标准，了解他们如何应对错失恐惧症（fear of missing out，FOMO），清楚他们如何适应这个瞬息万变的世界。然而，让这一代人产生疏离感的又主要是他们与信息、媒体消费、移动技术之间的关系。过去几年里，我们进行了数百场采访，对象是出生于 1995 年以后的年轻人，我们已经将我们的发现归纳为一系列年轻人文化的特征。这些标签是历史上最重要的全球人口变化的特征。

"95 后"的标签

　　●**独立**：他们愿意为了成功而主动奋斗，比他们大一点的 "80 后" 和 "90 后" 则更喜欢 "被发现"。

　　●**多元**：作为一个全球化的群体，他们对所有国籍、种族、性别和取向的人开放包容，他们期待看到品牌、课堂、媒体也能体现这样的价值观。

● **参与**：他们很有政治意识，主动投身于有关环保、社会影响和公民权利的事务。他们专注于让这个世界变得更美好，想要和致力于改变世界的机构同在。像马拉拉·尤萨夫扎伊（Malala Yousafzai）[①]这样的积极分子就是其中的典型。

● **信息过滤**：他们常被误认为"注意力不容易长时间集中"，但其实他们有在大量信息中快速筛选信息的能力，分辨什么是有价值的信息，什么应该被过滤掉。

● **实用主义**："95后"的父母是童年时经历过经济萧条时期的"70后"，因此"95后"会选择更"实际"的职业（比如会选择法律专业，而不是想成为"网红"），他们在经济上较为保守，而且会避免"80后"和"90后"遇到过的社交媒体隐私陷阱。

● **个人品牌**：他们不像"80后""90后"那样在社交媒体上过度分享，而是像经营一个品牌一样经营着自己的存在；隐私对他们来说很重要，也使得 Snapchat 和 Instagram 等社交媒体软件大受欢迎。

● **合作**：不管是在教室用 Skype 和另一个国家的学生交流，还是在在线游戏平台上玩电子游戏，或是在操场上做团队运动，他们在很小的时候就知道合作在现实和虚拟环境中的重要性。

---

① 马拉拉·尤萨夫扎伊（Malala Yousafzai），1997年7月12日出生于巴基斯坦，是一名女权主义者，因致力于巴基斯坦斯瓦特地区的和平而备受赞誉。虽然塔利班禁止斯瓦特地区的女性接受教育，但是马拉拉不仅继续学业，还致函外媒，为巴基斯坦的妇女和儿童争取权益。2012年10月9日，她乘校车回家时遭到枪击，伤势严重，但经治疗获救。2011年12月，她被巴基斯坦政府授予"国家青年和平奖"，还曾获得2014年诺贝尔和平奖，是该奖项史上最年轻的获得者。——译者注

"95后"的文化

　　这些年轻人的主要生活驱动力来自在线下身份和线上社交媒体角色之间寻求平衡。这往往会催生出多重社交媒体身份，这是他们的理想和现实生活相互作用的产物。由于他们能轻易接触到社交技术、流媒体、外界文化和大量人群，从某种程度上来说，他们的童年比前几代人的更短。然而从另一层面来说，他们的"少年"状态比前几代人持续得更长一些，较晚才有一些与成人相关的行为，比如性行为、驾驶。

　　但是前几代人的行为（线下）和这个移动时代下的新生代的行为（线上）的主要区别之一在于，现在互联网能将他们发布的东西扩散到更远的地方，甚至有可能让其发布的动态走红网络。对于一些人来说，这种社交媒体的放大效应使他们在互联网上成名；而对于大多数人来说，社交媒体让他们受到认可。最终，被看到、被听到、被归属于某个群体，成为年轻人生活的核心动力之一。

崛起的"95后"：新瓶装旧酒

作为"社交媒体原生代"，这是人类历史上将状态更新、信息发布、自拍、社交、移动设备和"指尖上的信息"视为日常生活的一部分的首代人。从许多方面来看，这些年轻人正经历着他们父母小时候的行为模式，只不过是用了不同的工具和技术，来创造与他们父母辈一样的年轻人文化产物。

试想一下，你有一台电话（那种只能在家里用的有线电话，无法上网），而他们有手机（365天每天24小时都可以上网）；也许你用摄像机拍摄家庭影片，用录像机播放给大家看，而他们用手机拍制视频，上传到YouTube和Snapchat上；你用宝丽来拍照跟朋友分享，而他们用手机拍照，实时发布到Instagram上；你制作录音带，而他们在Spotify平台、Apple音乐、YouTube上制作歌单；你和朋友出去逛商场，而他们和朋友、网友在Houseparty（群视频软件）、Snapchat和Instagram上玩耍。最终展现出来的行为是一样的，只是用以自我表达的工具不一样罢了。

仅仅几年前，学生在浴室墙上涂画的辱骂同学的文字很快就会被学校管理员给清理掉；而如今，欺凌是在Twitter、Snapchat和Instagram上进行的，有更多人能看到，也会产生更大的心理影响。可以明确的一点是，"95后"的年轻人浏览信息与交流的方式与前几代人有着根本的区别。对于这个群体来说，任何媒体都属于社交体验方式，都可以通过手指轻敲来分享内容。

"95后"：占领全世界

2017年的人口金字塔（Population Pyramid）数据显示，"95后"人口估计略高于19亿，占世界总人口的27%。很多发展中国家正在经历"95后"人口的暴增。

据 2017 年世界银行调查，42% 的世界人口低于 25 岁，这一群体增长最快的地区是南亚和撒哈拉以南的非洲，这两个地区拥有近一半（5.25 亿人）的世界年轻人口。要走近这些年轻人，关键是要有全球思维。你的下一个重量级市场或许不是在洛杉矶，不是在伦敦，而是在尼日利亚的拉各斯。以下列了"95 后"人口数量居前十的国家。数据包括了每个国家的"95 后"总人口数和占世界"95 后"人口的比例：

印度

—2017 年"95 后"总人口 3.73 亿

—2017 年占全球"95 后"总人口的 20%

中国

—2017 年"95 后"总人口 2.60 亿

—2017 年占全球"95 后"总人口的 14%

尼日利亚

—2017 年"95 后"总人口 6800 万

—2017 年占全球"95 后"总人口的 4%

印度尼西亚

—2017 年"95 后"总人口 6500 万

—2017 年占全球"95 后"总人口的 3.5%

美国

—2017 年"95 后"总人口 6200 万

—2017 年占全球"95 后"总人口的 3.4%

巴基斯坦

—2017 年"95 后"总人口 6100 万

—2017 年占全球"95 后"总人口的 3.3%

巴西

—2017 年"95 后"总人口 5000 万

—2017 年占全球"95 后"总人口的 2.7%

孟加拉国

—2017 年"95 后"总人口 4600 万

—2017 年占全球"95 后"总人口的 2.5%

菲律宾

—2017 年"95 后"总人口 3300 万

—2017 年占全球"95 后"总人口的 1.8%

墨西哥

—2017 年"95 后"总人口 3300 万

—2017 年占全球"95 后"总人口的 1.8%

国际咨询公司沙宾特（Sapient）2017 年的研究（该研究中"95 后"的出生年份是 1995—2010 年）同样显示，"95 后"年轻人群的增长主要来自发展中国家。研究指出，在 2010 年，有 43% 的尼日利亚人口是"95 后"，而在德国，这一比例是 13.5%（见图 1）。

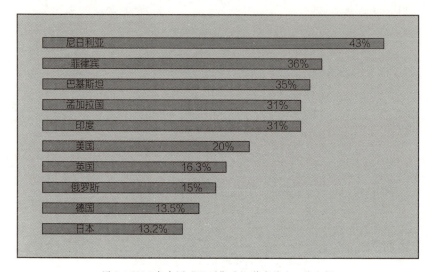

图 1　2010 年各国"95 后"人口数占总人口的比例

焦点人物：马拉拉·尤萨夫扎伊，"95 后"活动家

　　著名的"95 后"人物之一、巴基斯坦女学生马拉拉·尤萨夫扎伊在 11 岁的时候开始写匿名日记，记录她在巴基斯坦东北部斯瓦特地区的生活。2009 年，那里仍然禁止女孩接受教育。在她的日记中，她表示想要继续上学，想让全世界的女孩都拥有受教育的权利。

　　2017 年英国广播电台（BBC）报道了这一事件，她的日记匿名出版了，全世界都关注了她的故事。这也惹怒了塔利班组织，她的身份最终暴露。2012 年，她在校车上遭到枪击。此后，她和家人迁居到英国，在那里，她康复并成为为世界各地女孩争取权利的发言人。

　　2013 年，她发表了自传《我是马拉拉》，成为《时代》杂志评选的最具影响力的人物之一。2014 年，马拉拉被授予诺贝尔和平奖，成为年龄最小的、第一位来自巴基斯坦的"95 后"获奖者。对许多年轻的人来说，马拉拉是现实中的英雄，鼓舞着世界各地无数女孩站起来为自己的权利奋斗，参与到世界中来。

"95 后"的多元基因

　　对于"95 后"来说，多元化不只是一个热词，而是他们的"现实"。2010 年的美国人口普查结果显示，自 2000 年以来，混血年轻人数量增长了50%，达到 450 万。在美国，由于跨种族婚姻数量的急剧增长，"95 后"成为最多元、文化背景最多样的一代人。他们中有 55% 是高加索人，24% 是西班牙裔，14% 是非裔美国人，4% 是亚洲人。此外，白黑混血和白黄混血的人数也分别增长了 134% 和 87%。21 世纪的第一个 10 年里，西班牙裔人口的增速是美国总人口增速的 4 倍。这一人口多元化的变化将会继续影响这一代人的观念和视角。

　　对他们的种族观念影响最大的是奥巴马当选为美国总统。奥巴马当选主要是因为得到了大量年轻选民的支持，他成了先例，并让人相信，任何人——不论种族、背景，都可以成长为美国总统。对于那些 10 多岁的年轻一代来说，奥巴马是他们在特朗普之外所熟知的唯一一位总统。这在潜移默化中影响着他们对机会和平等的认知。这一现象并不限于美国，2016 年，萨迪克·汗（Sadiq Khan）成为第一个穆斯林伦敦市长，也产生了类似的影响。

　　对于"95 后"来说，多样化的概念也超越了种族。曾经在大众媒体上隐匿无踪的同性恋者、双性恋者、跨性别者、性别认知疑惑者等（统称

LGBTQ+）及他们的故事，如今在电视、电影和主流文化中十分常见。"流性别（gender fluidity）"和"中性"等代名词甚至也成为主流的年轻人文化。我们走访的许多学校都有性别转换的学生，这是现实，而在 5 年前，这是难以想象的。作为生活在这样一个同性婚姻已十分常见的环境中的第一代人，他们绝对会平等地对待他们的 LGBTQ+ 朋友和家人。Tumblr[①] 和 Twitter 等社交媒体平台给众多年轻人提供了线上渠道，让他们与亲友圈外的 LGBTQ+ 青年一起交流学习、互联互助。

由于社会对性取向和"流性别"持开放和包容的态度，年轻人更能接受亲朋好友的性取向，也更能接受自己的性取向。营销人员需要记住的关键是，这片市场不是轻易就能俘获的，要想赢得这片市场，你需要从多方面倾听这个圈子并向他们学习，成为一个守护他们的品牌，鼓励每个人有更包容的姿态，为真正的关联创造机会。

---

① Tumblr 成立于 2007 年，是目前全球最大的轻博客网站，也是轻博客网站的始祖。——译者注

"95 后"与技术及媒体的关系

"95 后"年轻人与互联网之间的联系不同于其他世代。互联网是他们与朋友交流、分享内容、度过闲暇时光的地方，也是一个搜索工具、一个发声的场所。有了移动手机设备和社交媒体软件，这一代人会利用网络搜索品牌的真实信息，判断产品是否有好的用户评价，实时确认相关消息的真实性。这意味着品牌在网络上是透明的，年轻人很容易确认一个品牌是否具有公信力。品牌需要"扛得住搜索"。假如你的品牌不支持 LGBTQ+ 的人身权利，那是逃不过他们的眼睛的，他们会在网络上当众问责。另外，和年纪大一些的网民不一样，这代人对隐私的看法可能与你们在新闻上听到的相反，他们非常在乎隐私。美国国家网络安全联盟（the National Cyber Security Alliance）2017 年的研究显示，相比年长一些的成年人，青少年会更积极地管理他们的上网痕迹。

焦点人物：杰克·安德拉卡（Jack Andraka），"95后"发明家

从许多方面来看，杰克是一个典型的年轻人——喜欢和朋友出去玩，喝巧克力牛奶，穿红色耐克鞋；但他不是一个普通的年轻人。作为大学一年级的学生，杰克已经发现了测试早期胰腺癌的方法，获得了史密森尼美国发明奖（Smithsonian American Ingenuity Award）和英特尔国际科学与工程大奖（Intel International Science and Engineering Fair）。

杰克发明了首个测试胰腺癌的试纸，只要往试纸上滴一滴血液，就能检测出受测者是否患有胰腺癌。这一突破引起了拥有数个专利的科学群体、TED演讲节目组、国际创意节的兴趣，这个年仅17岁的发明家正在创造科学的奇迹，他将拯救无数生命，改变癌症研究的现状。杰克是"95后"的代表人物，他向我们展示了在这个年纪就无惧挑战重大问题、寻找解决方案的勇气。

时刻在线的"95后"

手机是"95后"生活中不可缺少的东西。这是他们接触所有与他们相关的事物（社会生活、信息、社交、音乐、朋友、图片、视频等）的大门。手机是他们的"氧气"，所有年轻人文化都围绕着手机萌芽生长。更重要的是，智能手机持有者已经向低龄化发展，三年级小学生的书包里放着一只手机已经不足为奇。手机的重要作用在城乡地区那些没有享受宽带服务的年轻人身上体现得尤为明显。比如美国少数族裔的年轻人就会通过手机填补他们与同龄人在Facebook、Instagram和Twitter上的"数字鸿沟"，通过手机成为网络社区和粉丝圈的一分子。

英国、澳大利亚等发达国家外的其他国家也存在这一现象。沙宾特咨询公司2017年的研究报告称，印度电信公司Juxt发现在中国、印度，以及埃及和其他非洲国家等新兴市场，移动设备搭起了跨越数字鸿沟的桥梁。比如在印度，有超过 1000 万人以手机作为主要上网工具，这其中大部分人住在乡下。

"95后"总是"在线"。凯撒家庭基金会(Kaiser Family Foundation, KFF)曾做了一项研究，发现美国 8～18 岁的孩子平均每天有 6.5 小时沉迷在媒体上，算起来一周有 45 小时花在看电视及流媒体视频、玩电子游戏、晒照片、听音乐、浏览网页上——花费的时间超过一个全职员工一周的工作时间。

由于持续在线，这些年轻人已经能得心应手地同时进行多项任务。比如，他们并不只是在 Netflix 上看电视、流媒体视频，这是比较被动的活动。他们还会和朋友在 YouTube 上实时观看"电视"和视频，通过短信或者 Tumblr 和 Twitter 等社交媒体进行评论，分享可视化体验 (截屏、GIF 动图、视频节选)。这种"永远在线"的生活方式的主要缺点就是睡眠被剥夺。这一代人离不开社交媒体，很多人一整晚都把手机放在触手可及的地方，整晚整晚地发短信，这也加深了他们内心的焦虑情绪。

更为重要的是，社交媒体就像是维护和加强年轻人人际关系的生命线。他们利用社交媒体加深已有的现实生活中的关系，而不是和陌生人拉近距离。对于很多人来说，交流并不一定是以语言对话的形式呈现的。"交流"可以是在 Instagram 上的点赞，可以是 Snapchat 上的评论或短信，可以是任何形式。在《Z 世代：DNA 里的数字》(*Gen Z:Digital in Their DNA*) 中，一项对美国和英国 800 名年轻人进行的研究显示，其中大多数年轻人认为数字联系比金钱、音乐、电影更重要。

他们一直都利用手机上的社交软件和朋友、老师、家长保持联系，时时关注内容的更新。在移动技术、内容资源、网络社区和数字媒体方面的体验，令他们对多样的背景持开放的态度。

使用可视化社交媒体的"95后"

"95后"借助可视化社交媒体应对自己的社交媒体焦虑，比如GIF动画、表情包、表情符号，他们用图片、视频表达对共同文化体验的理解，把自己的情绪投射到社交媒体动态中。这样一来，他们能够共同解决个人或者集体的问题，互相学习新知识和技能，互相给予支持。他们也会在社交媒体上谈论一些在家或学校不方便谈论的话题，并因此获得较高的"数字公民"地位。

焦点事件：年轻人中的流行文化——《致埃文·汉森》①

透过主流年轻人文化的棱镜，我们可以看到百老汇剧场大热的音乐剧《致埃文·汉森》赋予了教育家、营销家独特的视角来看待可视化

---

① 改编自2018年出版的《#YouWillBeFound：在Instagram和Tumblr上利用〈致埃文·汉森〉作战网络欺凌，赋能青少年》(#YouWillBeFound:Leveraging'Dear Evan Hansen'on Instagram and Tumblr to Combat Cyberbullying and Empower Teen Upstanders)。

社交媒体和视觉叙事艺术在年轻人生活中所扮演的角色。《致埃文·汉森》获得了 2017 年托尼奖最佳音乐剧奖，它讲述的是一个名叫埃文·汉森的少年的故事。扮演该角色的是托尼奖的获奖演员本·普拉特（Ben Platt），他像众多年轻人一样受到社交焦虑的困扰。2016 年年中，《致埃文·汉森》在流行文化中爆红，全美国的青少年都在 Tumblr 和 Instagram 上说，《致埃文·汉森》就像一面镜子，映照出自己全部的内在情绪——他们常常因为自己的人气和社交媒体方面的压力感到焦虑。

这部音乐剧触动心弦，引起许多年轻人的共鸣，这些年轻人在埃文·汉森身上看到了现实生活中最真实的自己。《致埃文·汉森》很快成为一种文化现象，通过主题标签"你会被找到"（#YouWillBeFound）传播开来。总之，通过埃文·汉森，许多年轻人感觉找到了自己可以归属的部落。有很多年轻人正默默地承受着社交媒体霸凌和由此产生的焦虑，对他们中的很多人来说，《致埃文·汉森》是第一个让他们感觉到自己并不是独自承受这些的主流文化作品。从很多方面来看，观看《致埃文·汉森》成为一种自我关怀的方式，这个圈子里的人——也叫"森迷（Fansens）"——把粉丝艺术、社交媒体、主题标签结合起来，创造了很多自我关怀式的表情包。他们在 Tumblr、YouTube 和 Instagram 上集结这些元素，与网络暴力、消沉、焦虑、自虐、自杀等进行正面斗争。

此处的关键信息是，当年轻人自我组织、重构数字视觉故事，让其更符合自己的平台偏好和群体身份时，他们认可自己所拥有的力量。社交媒体为他们创造了一个表达情感的平台，也帮助其他同龄人克服焦虑。在《致埃文·汉森》的演员谈论欺凌、善良和心理健康影响的同时，Lady Gaga 的反欺凌倡议、"生来如此基金会（Born This Way Foundation）"[1]，以及"善良工程（Kindness Project）"[2] 也顺势而生。

---

[1] 于 2011 年成立的非营利性组织，由 Lady Gaga 和她的母亲创办，旨在帮助那些在生活中处于弱势的青少年，为他们打造更积极的线上线下环境。

[2] "生来如此基金会"发起的一个项目，通过与其他团体及年轻人合作，为年轻人提供建设更友好社区的资源和机会。

"95后"用表情包聊天，你呢？

表情符号曾经只是几个笑脸和卡通图像，如今却渗透进流行文化、品牌交流、当代明星的"推文"及广告等方方面面。也许你会纳闷：这些表情符号有着什么内涵，品牌要如何使用它们？但总的来说，这个问题没有直白的答案。波浪、爱心、猫咪的符号组合在一起，是无法用语言来翻译的。实际上，正是表情符号的这一特点，让它得以在年轻人文化中流行起来。

事实上，尽管年轻人会用表情符号讲故事、传达情绪，但是更多时候，它们仅是网络产物，只是为了让对话交流更为生动而已。如果有策略地使用，这些表情符号可以表达情绪、调节气氛，创造带有情感的语境以避免纯文字可能造成的误解，或是强调事件的严重性甚至悲惨色彩。对于品牌来说，关键是保守使用，并尽量用于真实的语境。前文中我们说过，一个品牌如果想要在年轻人中建立公信力，最糟糕的事情便是弄虚作假。

"95 后"和粉丝文化

当今世界，品牌无法只依赖传统或单向的营销渠道（纸媒、电视、广播）进入年轻人市场，一个有效的方法是学习融入粉丝群和网络社区。具体来说，粉丝群是围绕共同追捧的系列图书（如《哈利·波特》系列）、电视剧（如《河谷镇》系列）、电影（如《星球大战》系列）、艺术家（如卡米拉·卡贝洛）或其他流行文化作品（如《致埃文·汉森》）等而形成的一个群体或社群。这些粉丝群由流行文化、社交媒体、标准化分布式的主题标签共同驱动着，群成员自我定位为粉丝，寻找志趣相同的人，并通过在社交媒体上发布内容，让粉丝群融入主流文化。

对于许多 10 多岁的年轻人来说，加入一个粉丝群意味着他们要在塑造自己身份个性的同时与其他人合作，要寻找、创造、参与到群体中，要制定目标，要协商确定品牌，要了解营销者和教育者接触他们的方式。粉丝文化是年轻人身份特征的组成部分。加入一个粉丝群，年轻人就拥有了一群支持者，这些支持者和自己一样热爱某个故事、角色和虚拟世界。群成员围绕虚拟的事物进行创作，赋予其意义，让其成为现实。在评估一个粉丝群的思想时，有一点很重要——我们要重新定义自己对合理的"社会体系"或"社会互动"的理解。从许多方面来说，相比面对面交流，社交媒体提供给粉丝群同等或更好的社交质量。

另外，由于这些粉丝群是网络产物，因此可以在全球范围内创造联系并互动。人类学家洛瑞·肯丹尔（Lori Kendall）曾历时数年研究在线社会身份、粉丝群及社群的动态系统，得出这样的结论：群成员拥有"完整的社会体系和高度紧密的关系"。当现实中的人由于一个角色、内容或故事而产生联系时，粉丝群就自然而然地诞生了。作为品牌方，你的任务就是用合适的方式，力挺一个围绕你的品牌内容而兴起的粉丝群，不必指派或主导社群文化。想想你可以创造哪些视觉化的故事、文化模因（meme）等内容资产来支持你的社群，推进粉丝群的发展。

焦点人物：詹克·欧茨，"95后"企业家

詹克·欧茨是一个年轻的演员、企业家、音乐家，能接触到他的朋友所无法想象的大场合和名流，拥有别人没有的经历。作为英国最年轻的CEO，他用 iCoolKid——一个为年轻人而创的数字媒体平台——分享他的经历，为自己这一代人设计内容、社交媒体和群组。iCoolKid 的核心品牌理念是：鼓励年轻人热爱自己的兴趣爱好，实现自己的梦想。

2014年，詹克8岁，为了完成一个学校项目，分享自己在校外的"酷炫经历"，他创办了 iCoolKid。他最开始做的是新闻简报，里面都是他和朋友分享的内容，后来发展成了一个国际网站，受到英国、美国、印度等世界各地的孩子的欢迎。如今 iCoolKid 是一个集数字出版、媒体、咨询和内容生产于一体的公司，为年轻人提供原创内容。作为 CEO，詹克管理着一个撰写文章、评论、专栏及制作原创音乐的专业团队。作为 iCoolKid 的

"门面",欧茨出席最酷的流行文化活动、电影首映和大型会议,并在幕后对如伊德瑞斯·艾尔巴(Idris Elba)①等一线明星进行采访。2017年詹克受邀到埃塞克斯郡哈洛县,在 TED×Youth 上演讲。在演讲中,他分享了如何把脑袋里的想法变成现实、创立一家公司的策略。

詹克是这个动态世代的先驱,这个群体时刻准备着撸起袖子打造一个遍布媒体的未来,透过媒体,我们可以看到他们心目中最重要的东西。对于他们来说,似乎天空才是极限。詹克是一个年轻人创业的代表,同时也是有效、有策略地利用社交媒体打造自己品牌的典型人物。品牌只需观察 iCoolKid 有哪些类型的内容,就能掌握什么样的内容、什么样的社交媒体互动可以引起年轻受众的共鸣。

① 伊德瑞斯·艾尔巴,英国著名演员。曾出演电影《无境之兽》《环太平洋》、"复仇者联盟"系列、"雷神"系列等。——译者注

对 "95 后" 的教育

　　这一代人熟练使用数字媒体、在线社区、在线辅导、电子游戏，或通过社交媒体平台集体反思，这体现了他们与生俱来的数字式学习风格。为了让学生积极参与课堂教学，教育工作者应当多提供让学生能够理解学习目标的背景知识，并使用各种各样的社交媒体和新兴技术如 VR、AR 技术。

　　理解并把数字式学习融入一线课程或在线课程，一方面能够给学生增加动力，推进课程的教授，另一方面也符合当今数字式学习的需求。课堂上移动设备的使用应当与学生的个人经验和课堂之外的技术实践关联起来。关键是要让学生可以在教室里使用移动设备、VR 或 AR 等新的数字技术，以获取信息、共同交流、创造内容。

"95后"的数字式学习特点 ①

● **互动性**：用互动性的、吸引人的内容和材料促使他们通过创造性地使用社交媒体、发表有见解的评论及社群反馈参与进来。他们也想要寻找、搭配使用多种形式的网络媒体，比如音频、视频、多媒体、教育性娱乐（edutainment）和教育性游戏 / 场景模拟。

● **以学生为中心**：把学习的责任转移到学生身上，强调教师引导式教学和榜样式教学，让他们使用定制化、互动式的社交媒体工具决定自己怎样学习。

● **情景式**：让课堂中的使用社交媒体的方式贴近课堂外的使用方式。技术的使用应当与现实的（学习）活动和内在动机紧密联系。

● **合作**：学习是一项社会活动，学生在自行组织的"社会体系"里通过观察、合作，依靠内在动机学习是最好的，这个体系里的人可以是来自现实或虚拟世界中的伙伴。

● **需求性**：赋予他们处理多项任务、应对多渠道信息、评判短期和长期目标的能力。可以通过不同的媒体平台——如手机、电脑、便携式电脑设备——获取内容。

● **真实性**：基于现实中的学习模式，布置积极的、有意义的活动。应重点关注行业驱动型问题和情境，且需要可反馈的元素、多重视角和协作的过程，以获得学生的有效反馈。

---

① 来自《数字式学习方式 2.0：数字、社交、永远在线》（*Digital Learning Styles 2.0: Digital, Social, and Always-on*）。

用新兴技术教育"95后"

VR、AR 等技术使人们有机会进入社交式、协作式、自发式的学习环境。在爱尔兰一份关于 Mission V 学校试点项目①的评估报告中，都柏林大学教育学院的康纳·加尔文（Cornor Galvin）教授发现，VR 技术在课堂上的应用对学生处理社会问题有着实际性的帮助。加尔文指出，那些努力想要融入班级群体的学生会因为他们出色的技术能力而被同学们接纳；将 VR 项目与课程结合在一起能让腼腆的学生"打破外壳走出来"，增强学生在数学能力方面的自信心。

尽管在教育领域，这仍然是比较新的技术，但已经有一些优秀的 AR 技术与教学结合的案例。对于在交互技术中长大的这一代人，让 AR 技术走进课堂能够鼓励他们踊跃参与，让他们记忆深刻。比如，AR 技术能让喜欢通过视觉方式学习的同学更好地理解老师在课堂上解释过或他们在传统书本中读到过的一些概念。AR 也是很有价值的评估工具，能够让学生在许多学科展现自己对知识的掌握度。AR 技术还可以以闪卡、立体书、嵌有互动式媒体的书本等形式来巩固知识，是一个有用的教学工具。

显然，新兴技术正快速进入 21 世纪的课堂。例如，谷歌正为学校提供谷歌纸盒 VR 眼镜，通过"谷歌探险先锋计划（Google Expeditions Pioneer Program）"创造原创内容，带领学生探索虚拟的海洋、历史场景等。

可以明确的一点是：我们要加深自己对于这个新兴的数字式学习方式的理解，准备好教育和培训项目（线上和线下），满足年轻人在这一领域的需求。特别是随着他们从课堂走向职场，这一点的重要性愈发凸显。

---

① Mission V 学校试点项目：利用 VR 技术提供浸入式学习体验的 Simvirtua 公司与约 20 所学校合作，在这些学校进行 VR 试点教学。

焦点事件：VR 进课堂

　　爱尔兰布鲁哈镇（Broughal）上一所名为圣基兰（St. Kieran）的学校的学生最近前往附近的克朗玛克诺思（Clonmacnoise）遗址郊游。这没什么不寻常或大不了的，对吧？孩子们回学校之后所做的事情却令人惊喜。作为爱尔兰学校 VR 试验项目的一部分，同学们通过 Mission V 的 VR 平台用 OpenSim① 软件制作了克朗玛克诺思遗址的虚拟模型，然后用 Oculus Rift 头盔来观看。

　　在这个实境模拟克朗玛克诺思的案例中，这些年龄 10 多岁的孩子利用科技（数学、3D 模型、编程）、创造性思维能力（考古、历史、设计）和社交技能（项目管理、合作、面对面交流），在这样一个基于构建主义的环境中创造了 VR 体验。这对年轻人而言不仅关乎技术，还关乎感情联系。社交仍旧会是年轻人线下（传统）、线上和虚拟环境（AR 或 VR）学习的核心。想要将这些新兴的 AR 或 VR 科技运用到产品、营销、推广活动中的品牌要意识到内容创造者和 VR 开发者在媒体文化和年轻人认可的体验方面所扮演的角色。

---

① OpenSim：一款免费制造虚拟模型和模拟场景的软件。

————————————— 本章要点 —————————————

• **找到你的品牌可以和年轻人进行"非语言"交流的方式。** 你可以利用什么样的数字产物（GIF 动图、表情包、表情符号）增强这种交流？

• **想一想如何把握这个在全球范围内日渐庞大的群体。** 大多数"95 后"年轻人生活在发展中国家，针对印度、尼日利亚等国家的这些仅靠手机上网的年轻消费者，你有你的移动设备策略吗？

• **回顾过去 3 年里你的营销活动。** 你的品牌广告里的年轻人和内容是否体现出多元化（种族、性别、取向）特征？

• **在 Instagram 和 Twitter 等社交媒体平台或 Reddit 等网络论坛上收集关于你的品牌的消息。** 看看年轻人怎样评价你的品牌。

• **不要将"95 后"年轻人视为一个单一的目标市场。** 这个年龄层中的每个亚群体，即使拥有强包容性的共同价值观，也还是会有不同的需求和各自的波段。

• **手机是一个巨大的杠杆，让品牌几乎能够抵达世界上的每一个消费者。有了以移动端为主的营销交流手段和年轻人文化参与策略，你就有了入场券。**

• **"95 后"年轻人中，已经出现了令人难以置信的变革者。** 他们的故事让品牌看到了这代人中的先锋人物是什么样的——拥有前所未有的数字媒体流量、知识和雄心。而 YouTube 等全球性数字社区，将把更多的变革者推到了台前。

• **"95 后"的崛起是一个全球的现象。** 营销者应当看到尼日利亚、墨西哥、东南亚各国等新兴市场的机会，开拓年轻人的市场。

• **媒体民主化、信息生产和内容传播方式已经将权力转移到了年轻受众的手**

中。年轻人常常消费社交媒体内容，他们以此为首选，而非以传统媒体为首选，这使得 YouTube 等社交媒体和其他新兴媒体平台成为数字媒体公司的主要的正式竞争对手。

03

年轻人市场营销的五大真理

过去，年轻消费者不得不面对这样的状况：品牌用成人化的宣传活动，在成人的平台上与他们对话，而事实上他们一点也不想听。如今对话的方式发生了转变。品牌已经无法对受众避而不见，而是必须与受众交流，并且必须要用真实的人与人之间的交流方式与他们交流。品牌需要知道，自己最有价值的工具——尤其是针对年轻消费者的——是他们倾听的能力。必须有思想的交流，只有这样，品牌才能拿出他们正努力迎合的这一群体所需要的东西。一个品牌能做到这些就能成功；如果做不到，那就只能看造化了。

史蒂芬·贝拉（Steve Berra），The Berrics 公司总裁

你的品牌准备好接受这些真理了吗？

我们都说想获得真理，但当我们真的面对真理的时候，能坦然接受吗？有时候真理意味着我们需要跳出舒适区去冒险，有时意味着我们会听到不愿听到的话，更多情况下会让我们陷入无所作为的瘫痪状态，而非直面未知的领域。

不过真理并不都是令人生畏的。实际上，在建立品牌和明确消费群体这件事上，有几个经过反复验证的"真理"，我们将其总结为 5 项重要准则，供我们在品牌工作中借鉴参考。其实无论我们做什么事都会用到这些真理，因为它们早在战略布局或营销项目开始之前就为我们的思考和行动奠定了基础。

这些真理说穿了都很简单，你以前一定也遇到过，但你可能没有想过它们是如何相辅相成，创造一种直接、实用的方式帮助品牌融入年轻人的圈子、打造公信力的。不要因为这些真理听起来简单就弃之不用——将这些真理付诸实践，你会见证魔法发生的一刻。

年轻人市场营销的 5 个基础真理：

- **品牌形象**
- **信任**
- **关联度**
- **可能性**
- **体验**

以上几个年轻人市场营销的基础真理构成了理解、定义你与受众关系的出发点，且与你指导营销活动尤为相关，因为这些真理让你知道如何让年轻人和品牌产生联系。然而我们很少看到有品牌很好地执行这些真理，更不用说把这些真理用到合适的地方。如果你想与年轻人产生联系，就应在你的工作流程中贯彻这些真理，这样你才能放大自己的独特之处并向受众有效地传递信息，从而紧紧扎根于年轻人的文化圈。

在本章，你会读到许多对这些真理的解读，有的来自我们的咨询委员会和参与调查的年轻人，有的来自我们所采访的"网红"和品牌方。继续读下去，你会发现我们在每一部分的最后都准备了一套问题，这些问题可以帮助你验证品牌是否已经准备好进入年轻人的市场，任何想要和年轻人的圈子有交集的组织都可以借此评估组织的市场成熟度。

真理 1：品牌形象

靠喇叭大声宣传建立品牌形象的时代已经过去了。我们都知道如今的品牌形象是每个消费者体验的总和，但这并不意味着营销要覆盖所有的碎片化媒体。在我们看来，情境和内容一样重要。品牌一开始就应该大胆宣称自身存在的意义，然后在媒体平台和媒体语境中变换方式来证明这一点。你要用尽可能多的方式证明你就是你所说的那个样子。

亚当·威尔逊（Adam Wilson），Carhartt 公司前品牌营销主管

品牌需要一个年轻人会关心的形象定位。要找到这个定位，你不能局限于你所提供的服务、产品、包装，而是要搞清楚你是谁，你给年轻人带来了什么。这就是拥有很多客户、生命力持久的成功品牌与还在苦苦摸索的品牌之间的区别。如果你能建立一个受年轻人尊重、关心的品牌形象，你就向着更大的目标（品牌与用户结盟）迈出了重要的第一步。

> 当品牌是真诚的，我们很容易看出来，因为它们有自己支持的东西，而不是仅仅向我们推销东西。我认为那些不用心的品牌是不会成功的。
>
> 丹尼尔·P（Daniel P），2017 年，16 岁

请自问以下这些问题：我的品牌为什么存在？我们真正在乎的是什么？我们真的了解我们想要接触的受众吗？我们是否真有一个故事能让年轻人联系并参与？是的，我们提出了很多问题，这些问题的答案会引导你们发现对年轻人来说重要的东西。真诚的、吸引人的、扎实的根基能让你的品牌经受住市场或潮流的沉浮轮回。你的品牌一旦确立了身份形象，就要始终忠于核心原则和信念——要知道什么是原则性的，什么是可以随着你的用户改变和进化的。

感知是形成品牌形象的第一步

我们都会过滤现实。人和人之间看事情的方式大相径庭。在谈论品牌形象的时候，"感知（perception）"这个概念很重要。感知分为内部感知（品牌作为供应方所看到的）和外部感知（品牌在消费者和顾客心目中的样子）。

我们需要问问自己我们的内部感知是否准确，要知道怎样从偏见中跳脱出来，从而看到现实中我们的产品会如何被外界所接受。跳出来，我们才能把年轻人看得更清楚，从而给品牌精确定位，让品牌以我们期望的方式被感知。

要做到这一点，我们需要知道什么能反映年轻人对这个世界的感知。一旦我们知道他们的观念和喜好，我们就更能理解什么样的东西能给他们动力。要想引起他们的注意，我们还要搞清楚如何从他们的视角出发来吸引他们。这才是形成策略的过程，策略要在现实中有效，而不是在会议室纸上谈兵。

如今的年轻人是社交媒体塑造的一代人。这一代年轻人比以往任何一代都能更轻易地探索一个品牌的价值，决定这些价值是不是他们想要支持的。要让你的品牌深入他们的心，我想不到比拥有他们所认同的价值更简单和有效的方式了。问题的本质就是，你不仅需要说服年轻人买你的产品，你还需要他们主动选择你这个品牌。

杰克·斯柯洛达（Jake Skoloda），2017 年，18 岁，Millennial Ad Network 公司[1]CEO

---

① 位于美国宾夕法尼亚州匹兹堡的一家社交媒体网络广告公司。

你的品牌引起年轻人的共鸣了吗？

我们已经在第 2 章中讲到，"95 后"是一个庞大的全球性群体。然而这个群体是由许多变化中的小团体和个人组成的。我们必须清楚，能够与我们的品牌"无缝链接"的是哪些小团体和个人。这会让品牌面临一系列眼花缭乱的选择和定位自己的方式。不过，还是要提醒你注意个体认同，否则品牌眼中的一个小细节可能会成为某些年轻群体眼里的大问题。对其中一个团体发力可能会导致与其他团体对立，因此品牌要优先考量：是要一股脑把信息尽可能扩散出去，弱化吸引力，扩大受众范围，还是要根据群体与品牌的契合度、商业可行性专攻某一受众群体呢？任何方案都不容易，不过我们还是建议品牌先从一个最契合的核心群体组织开始，建立与年轻人的情感联系。

如果你只是在整体上对年轻群体有吸引力，你就失去了和更有影响力、更热情的小群体建立联系的机会。实际上，你甚至可能由于不够尊重这些群体而被忽视。有一些群体更为复杂，我们建议你不要在建立对某些群体的影响力时冷落了其他群体。

在这不断变化且富有挑战的市场中，我们要如何维护核心品牌形象？

品牌定位上很重要的一点是：了解你的品牌不是什么样的。自问一下：你的品牌大体上是什么样的？品牌在某种程度上是什么样的？品牌不会是什么样的？就算是定位清晰的品牌，也会有错乱的时候。面对竞争压力、市场动荡、潮流更替，品牌应当经常回顾自己的核心价值、信仰、品质，回到正轨上，而不是一味求新，这只会削弱品牌的文化。当然，品牌也需要进步，但还是要在追随客户和潮流的时候围绕自身的核心特点。相比调整自己以应对市场的压力，自我定义和自我坚守更需要自信和勇气。如果陷入选择的陷阱，选择某些也许能快速提升销量的形象，而不是选择做真正的你，那么你可能要在你的人脉关系与年轻人文化之间做个妥协——用赚快钱的机会来换取更大的长期投资价值。

你准备好了吗：关于品牌形象的市场测试

对任何品牌来说，建立一个强大、真实、诚信的品牌形象都是必要的一步。当我们和客户合作时，第一步就是解决品牌定位的问题，因为这才是受众所关心的。在继续本章内容之前，你需要讨论并能确定地回答下面5个问题。这5个问题构成了市场测试的品牌形象部分。

品牌形象测试清单：

1. 你的品牌"为什么"存在，你要在这个市场里填补什么空缺？
2. 为什么年轻人要对你的品牌感兴趣？
3. 你的品牌的核心价值是否符合年轻人的诉求和愿望？
4. 你的核心承诺对年轻人来说可信吗？
5. 要与年轻人产生情感联系，你的品牌要做什么？

真理2：信任

信任就是一切。一旦建立了真正的信任，品牌就有了生机，会被人们保护和传播，以最真实、强有力的方式分享给其他人，从而茁壮成长。信任需要信念，信念需要信仰，信仰需要滋养和关怀。这不仅关乎一件产品、一个承诺、一场活动。我们努力就是为了赢得受众对一切我们所说的话、我们所制造的东西、我们所做的事情的信任。这是我平生学到的最重要的一课，无论我走到哪里都谨记的道理。

尼古拉斯·崔恩（Nicholas Tran），

全球消费电子品牌销售总监兼意见领袖

在跟消费者建立联系的过程中，建立信任感是一件绝对重要的事。尽管这个过程并不简单，但也不见得非常复杂。从我们帮助品牌与目标受众建立联系的经验中，我们总结出了一个简单的公式：透明＋真实＝公信力。不要造作，不要欺骗，忠实于核心的信念，消费者就会相信你的承诺、责任感及你的品牌的实力。

信任的原理

自20世纪90年代初以来在广告行业，信任就在"消费者—品牌"这一关系中扮演第一重要的角色，并从行为科学和化学的角度得到了广泛研究。2012年克鲁格（Krueger）等人从神经化学的角度研究信任，从信任和行为的关系入手。"信任作为一个重要的社会过程，在友情、爱情、家庭和组织中都是不可或缺的。信任能够促进人际关系，成就互动行为，在社会和经济交流过程中让双方受益。"换句话说，要与年轻人建立真诚的情谊，你的品牌形象应该是值得信任的，能够引起情感联系的。

当我们建立信任和联系时，我们的身体会释放一种化学物质来深化双方的情感关系。我们忠实于年轻一代，他们也忠实于我们。当我们赢得信任，我们就强化了客户对品牌的忠诚度。不过这不仅仅是感觉良好，这实际上是一种身体里的化学反应。当人受到信任或仅仅是受到好的待遇时，大脑会合成神经化学分子催产素（OT）。催产素分子反过来又促进回应。释放催产素预示着对方在我们身边是"安全的"，合作行为不会被利用……催产素的合成促使人们将对方当成"家人"一样对待。

要赢得信任需要一定的时间。你与朋友可以进展迅速，但你与年轻群体无法在一夜之间就建立联系。品牌方需要精心研究受众的需求和欲望来做营销，只有这样，才能最大可能地赢得信任。如果年轻人没有感知到你的专注，他们便会离开。

> 如果品牌没能倾听和理解支持它的人，或者生产了不可靠的产品，对社会造成负面影响，就会失去我的信任。我讨厌一些公司利用流行文化的影响力，却只是为了赚钱。
>
> 德文·T（Devan T），2017 年，16 岁

信任对任何消费者来说都很重要，对年轻消费群体也不例外

作为品牌，将自己定位为年轻群体的一个权威绝对是不明智的。做他们可信赖的朋友，没有什么控制与被控制的关系，能让你更有机会立足。现代的"消费者—品牌"关系是共生关系，坚固地建立在身份认同和信任的基础上。要么两者都有，要么一个都没。如果品牌真的实现了引领，唯一的原因就是年轻消费者对品牌引导的方向是绝对信任的，认为它是可靠、真实的。信任能够减少品牌接受过程中的障碍，创造安全的环境——这意味着年轻人可能会在数百个产品中优先选择你的产品。

你准备好了吗：关于信任的市场测试

在探讨品牌形象问题的时候我们进行了定位测试，现在我们要对信任度做同样的测试。在继续后面的内容前，你要确定地回答下面 5 个问题，这 5 个问题构成了市场测试的信任部分。

信任测试清单：

1. 年轻消费者凭什么要信任你的品牌？

2. 你有积极地拉近品牌与受众之间的关系吗？如果有，你做了什么？

3. 你正用哪些方式强化你和品牌受众之间的联系？

4. 你的商业实践是否透明？

5. 年轻消费者将你的品牌视为伙伴还是权威？

真理 3：关联度

> 要和年轻消费者保持关联，品牌需要做到时刻关注他们圈内发生的一切。不是每年考察几次……而是需要每天掌握受众在谈论什么、感受如何、与什么有情感联系。从政治到流行文化，年轻消费者欣赏那些能及时参与交流的品牌。
>
> 米歇尔·阿巴塔（Michael Abata），文化和消费未来主义者

你已经建立了你的身份和你的品牌形象，也开始赢得年轻消费者的信任，那么下一步就是要建立关联，我们要如何开始呢？为什么有的品牌能让年轻人排几小时的队等待新品发售，而有的品牌却要靠打折来吸引顾客？要让品牌有关联度，就要创造一些东西——不论是产品服务、内容还是娱乐——对

消费者来说具有独特价值的，在当下是有用的、重要的、适用的。在做这件事的时候，品牌扮演的是朋友和资源方的角色，确保消费者的需要得到满足。

> 什么是关联度？"它是回馈，是象征，是创造同这一新群体有关的产品和内容，能让人迅速联想到你的品牌。"
>
> 科迪·谢恩（Kodie Shane），2018 年，19 岁，说唱歌手

明星歌手蕾哈娜创立的品牌 Fenty Beauty 的崛起是关联的力量的最好例证。Fenty Beauty 是一个 2017 年推出的适合各种肤色的美妆系列品牌。这一美妆系列品牌备受瞩目，不仅是因为蕾哈娜的人气，更是因为在主流文化越来越推崇多样性的时代，终于有品牌为那些长期被忽视的人群提供主流产品了。这必然与年轻消费者产生了关联，他们本身就是一个越来越多样化的群体，他们发掘并支持想要改变世界的品牌。

> 不要凭借你对青少年的主观认识来做营销，因为你很有可能是做广告给你的刻板印象看，而不是给人看。我们并不是无脑的生物，我们也会考虑严肃的成年人话题。我们会讨论万圣节穿什么，也会讨论国家的不足之处。在这里我分享几点建议：创造能够吸引我们的风格，和我们喜欢的酷品牌合作，试着像一个朋友一样，让其他人想追随、想模仿。
>
> 阿比盖尔·W（Abigail W），2018 年，17 岁

你是否专注于受众所关心的世界，专注于他们体验世界的方式？在为受众研发产品和与之交流时，你是否有认真考虑过他们的处境？

你准备好了吗：关于关联度的市场测试

完成了品牌形象和信任测试，现在我们来做关联度测试。在你继续阅读本章后面的内容前，你应该做到能谈论并自信地回答以下5个问题，这5个问题构成了市场测试的关联度部分。

关联度测试清单：

1. 是什么让你的品牌和年轻人产生关联？

2. 你的产品和服务与年轻消费者有关联吗？

3. 你与当下在目标受众群中兴起的潮流趋势合拍吗？

4. 在任何时间和地点，只要年轻人有需要，都能得到你品牌的支持吗？

5. 你的品牌会将年轻人和他们的同伴或任何能鼓舞他们的人联系起来吗？你能帮助他们提升地位、打造社群吗？

真理4：可能性

找到一个内容创作者——货真价实的创作者——能够和你的受众沟通、鼓舞你的受众的创作者，跟他们合作6个月、1年或者更久，目标是成为创作者社群的一员。不要告诉他们要说什么——而是让他们来说——让他们通过社群做一些事情，发现多种可能性。你要成为创作者社群里的一员，但你更要让创作者探路、启航、选择目的地。你不要收买媒体，不要运营活动，你是要加入一个群体。要尊重、慷慨，更重要的是要闭嘴。创作者、社群、品牌的正确匹配会带来神奇的结果。

吉姆·劳德拜克（Jim Louderback），VidCon[①] 公司CEO

---

① 全球规模最大的网红交流会，被称为"美国网红节"。

"95 后"年轻人正处在他们人生中一个充满可能性的阶段。他们处在最反复无常、荷尔蒙满满的变化阶段，这些变化是难以想象的。他们正在弄清楚自己是谁，想成为什么样的人，怎样看起来更酷。他们亟须启发和引导——不管他们有没有意识到这一点。这就是品牌可以介入的点。品牌能够帮助年轻消费者做各种个性定位的实验，能为年轻消费者在这个世界上成为自己想成为的样子打好基础。品牌能帮助他们找到选择和机会，让他们受到启发、勇往直前。对于一些人来说，这可能是探索兴趣的过程；对于另一些人来说，这可能意味着摆脱家庭强加给他们的身份。

品牌如今对"95 后"的启迪是对未来的投资

如果品牌真心想要激励年轻人，就需要在交易之外的时刻创造可能性，让消费者想象一个产品可以如何影响他们的生活。品牌做这件事情的一个方式是，帮助受众探索、了解、尝试发掘这个世界。品牌需要实际行动起来。创造可能性可以成为一个品牌的特色。每个产品都有一些特点和优势，但面对激烈的竞争，产品周边的故事才是真正能引起共鸣、被人记住的。如果你可以让消费者感到新事物是可能的，你就会给他们留下持久的印象。用可能性让他们记住你，他们会回头寻求更多可能性。

> Supreme 让我觉得一切皆有可能，因为他们从滑板运动用品开始，继而成为世界上最大的服装品牌之一。他们是独一无二的，他们有自己的个性。
>
> 圣地亚哥·S（Santiago S），2017 年，15 岁

需求驱动消费

年轻消费者常常把品牌看成是表达他们多样身份的方式。他们向别人传达自己是谁，主要是通过交往实现的。产品本身可能很简单——比如一件 T 恤——但如果它们来自某个特定的品牌，就不仅仅是例如合不合身的问题，还传达出很多其他信息，而这些信息构成了品牌的一部分。当消费者选择一个品牌，他们就选择了要和这个品牌的意义和承诺保持一致。年轻消费者更倾向于寻求那些给他们机会进行自我表达的品牌。

为什么我们要在两个本质相同的产品中做出选择？让我们来看马斯洛关于人类需求的理论（见图 2）。马斯洛认为"人是永远不满足的动物"，人类的需求可以被划分成一个层级模式，通常要依次获得满足。按照从最基础到最高级的顺序，分别是生理需求、安全需求、对爱 / 归属感的需求、受尊重的需求和自我实现的需求。

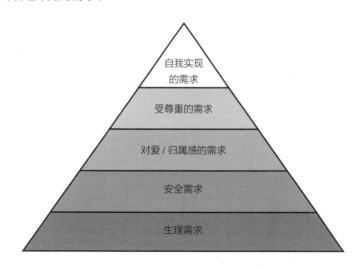

图 2　马斯洛需求层级模式

如果我们再来看 T 恤的例子，从最基础的层面来看，它就是有袖子的两片布，能遮住你的身体。如果你冷了，它也许能保暖（生理上），在公众场合，它不会让你觉得暴露和易受伤害（安全性）。任何 T 恤都能满足这两点，那么此外它还是什么呢？为什么消费者在家里已经有十件 T 恤的情况下还要再买一件新 T 恤？这件新的 T 恤一定有着其他 T 恤提供不了的东西。也许是因为一个品牌很受欢迎，让穿它的人感到自己归属于某个群体（爱／归属感）。也许是因为这个品牌很高级，穿它的人的自我意识会得到极大的提升（尊重）。也可能是这个品牌或者这件 T 恤上的信息有什么含义，能让人相信穿上它就是展示真我，就是在说"这就是我！"（自我实现）

不论品牌代表着什么，它都能影响到正在寻求机会满足自身需要的年轻消费者。如果我们能发现合适的受众并能与之建立联系，那么我们可以调查发现影响受众的内在和外在的因素。这有助于我们了解他们想要什么，以及我们如何才能帮助他们达成这一目的。举个例子，如果年轻人志在实现一个工人受到平等对待的世界，那么一个品牌对平等贸易的支持能让它的产品传达这样的承诺：这件 T 恤是由一个公平贸易的工厂制作的，当你穿上它，你就是在帮助人们脱贫。如果你的品牌能够覆盖马斯洛需求模式的各个层级，你的产品能够层层递进满足所有需求，那么你就距离有效融入年轻人的圈子、建立公信力不远了。

你准备好了吗：关于可能性的市场测试

你的品牌准备好向年轻人传达可能性了吗？在继续阅读本章之前，你需要能够讨论并自信地回答出下面 5 个问题，这 5 个问题构成了市场测试的可能性部分。

可能性测试清单：

1.你知道是什么激励着你的年轻受众吗？你的品牌可以帮助他们满足需求吗？

2.你是否正在做一些事情，以帮助年轻人重构对自我的认识、把握新的机会？

3.你要如何搭建目标受众与当下及未来的趋势之间的桥梁？

4.你要如何鼓励年轻人战胜困难、超越困难，即使那看起来几乎不可能或者万分艰难？

5.你要如何激励年轻人超越当下的可能性，打造自己的未来？

真理5：体验

也许人性的一个基本组成部分就是在更广阔的范围内找到自身存在的意义。所谓的"95后"是一个时代的产物，在这个时代里，我们常常接收到这样的提醒："我们并不孤单。"记录在 Snapchat 或 Instagram 上的个人体验几乎立刻就融进一个更大的"故事"，通过主题标签或地理位置信息交汇在一起。技术赋予我们工具，实时告知我们"每个人都是偌大拼图上的一小块"。品牌需要成为这个拼图的一部分，为这一代人的整体体验做贡献。

莎拉·昂格尔（Sara Unger），Civic Entertainment 集团高级副总裁

如果有个品牌创造出来的体验比它各个部分的总和还好，这就是好的品牌。通常，年轻消费者没有耐心，他们不喜欢等待视频加载，不喜欢任何比一挥手、一轻叩更久的等待。那么为什么他们会为了 Supreme 的新品

发售而排队数小时呢？据 Highsnobiety[①] 的执行编辑杰夫·卡弗尔荷（Jeff Carvalho）解释：“他们想要在队伍当中，这个队伍就是一个新群体。当有两三百个年轻人在店门外排起了队时，那是因为他们想要成为某个东西的一部分。”那些排队的人不仅能优先买到精品，也能在那个群体中获得一席之地。当他们拿起他们的 T 恤，他们也正与其他志趣相投的粉丝建立起联系，感到自己是更大群体的一分子。

年轻人习惯了感官超负荷，也渴望感官超负荷。他们希望自己被各种体验所包围，让自己感到活着、与他人联系着。Supreme（及其他成功为年轻消费者创造完美体验的品牌）深知这一点。在它与艺术家、摄影师、运动员等和年轻人“同个频道”的人合作并获得信任的同时，它也知道自己需要更上一个层级，提供更棒的体验。这么做是正确的，因为 20 年后你会发现，Supreme 的门店外依旧有颇具洞察力的年轻人排着队。

如今，成功的品牌都在创造体验，让受众成为故事的一部分。受众想要成为交流的一部分，而不仅仅是听众。良好的体验能建立团体、鼓励互动、打造品牌忠诚度。要了解更多数字的和新兴的体验——接下来我们还会在后面的篇章中探讨。

在我等人、感到无聊或紧张的时候，Snap Lenses（Snapchat 的滤镜）简直太赞了。你可以看任何东西，选择一个主题，让它和现实中完全不同。自己玩很有趣，但是和朋友一起玩是最棒的。

迈特·W（Matt W），2017 年，16 岁

---

① 知名潮流网站。

你准备好了吗：关于体验的市场测试

最后一个测试！在继续阅读本章的内容之前，你需要能谈论并自信地回答以下 5 个问题，这 5 个问题构成了市场测试的体验部分。

体验测试清单：

1. 你有在社交场合、数字场景、现实生活中为年轻人创造值得回忆的体验吗？

2. 你为年轻人建立团队、创造真实的归属感做了哪些事情？

3. 你如何利用名人、代言人、创作者来提升受众的品牌体验？

4. 如果你的品牌引起了消极的体验，你会采取什么措施控制、扭转消费者对品牌的印象？

5. 你提供的品牌体验是否和目标年轻受众的独特个性相符合？

本章要点

•**年轻人文化是多个小团体的复杂集合，综合应用这些真理对你建立"消费者—品牌"关系非常重要。**花点时间思考这些与你的品牌和境况相关的真理，然后完成每个准备就绪前的市场测试。你的答案在第 4 章探讨年轻人文化圈行动框架时会用到，也是第 6 章年轻人文化参与脚本的基础部分。

•**品牌形象：用有益于年轻人文化的方式去定义、定位你的品牌。**品牌故事应当是独特的、与受众相关的，并且是年轻人能够和想要参与其中的。

•**信任：做到可信、可靠，赢得年轻人文化圈的尊重。**透明的商业操作、保持前后一致、具有责任感是年轻人把你当作盟友的重要指标。

•**关联度：清楚年轻人文化中重要的东西，主动建立关系，深化联系。**满足年轻人的需求和愿望——无论他们何时何地有需求，需让他们在这一过程中看起来都酷酷的。

•**可能性：明确只有你能为年轻人提供的东西，帮助他们打开可能性王国的大门。**你的品牌怎样做到激励年轻人定义自己、超越当下、追求未来？

•**体验：创造积极的、有意义的体验，让你的品牌和年轻人文化中的故事联系起来。**跨渠道传递独特的让人印象深刻的体验，这有利于通过多种形式提升这一代人的综合体验。

04

在个性化时代融入年轻人文化

从历史角度来看，年轻人常常会为了拥有大众标准下"酷"的标签而非常努力地模仿彼此，穿着、听音乐，甚至是决定要崇拜和模仿谁都容不得有很大的差别。现在一切都不同了，我认为如今的年轻人已经摆脱了曾经弥漫于高中走廊的从众心理。他们越来越喜欢在各方面形成自己的风格，更重要的是拥有自己的声音。正是因为这样，我们要理解和包容更小的志趣相投的群体，才能成功与进步中的年轻人形成互动。

詹克·欧茨，iCoolKid 创始人，英国最年轻的 CEO

激浪（Mountain Dew）为什么要和成功的街头艺术家联手？李维斯（Levi's）为什么要和城市年轻人一起集资打造 DIY 滑板场？牛奶美妆（Milk Makeup）为什么要和伯顿滑雪板（Burton Snowboards）等知名品牌联合推出限量系列？有一个原因，那就是它们清楚建立更深的联系对融入年轻人圈子来说至关重要。当今的年轻人高度独立，必须建立文化层面与之相关的联系。如果你想要受到关注，汇聚更多粉丝，就要与年轻人文化中与你的品牌最相关的群体保持步调一致。

据我们的经验来看，成功地与年轻人文化同步一部分取决于心理和情境的划分。这到底是什么意思呢？我们发现很多品牌都默认人口、地理和行为目标策略为首要的筛选方法，因为这样方便，而实际上，关系是建立在个人层面上的。我们一开始仍旧会用人口划分的方式，比如根据年龄、性别、种族划分，把比较有可能跟我们品牌匹配的消费者组织起来，然而能让我们更了解年轻人文化的划分方式——而不是仅仅起组织作用的方式——才是我们的首选。

在这一章，我们会谈及与年轻人相处过程中面临的挑战，以及传统划分方式的局限，然后用我们融入年轻人文化的准则来积极解决这些问题。这是个简单但高效的方式，能帮助品牌明确并融入年轻人看起来无限多的亚文化和生活方式，我们会用清晰、可行的方式一步步来。

高度个性是常态：年轻人就是要独特

请仔细阅读这一章的标题："在个性化时代融入年轻人文化。"在大部分有记载的历史里，"个性"的概念一直在演变。17世纪，这个概念在艺术、文学、宗教和科学领域受到推崇，滋养了启蒙时代。距今更近一些，美国的婴儿潮一代被称为"自我的一代（Me Generation）"，千禧一代被打上"唯我的一代（Genaration Me）"的标签——大家对他们的刻板印象就是极度"自恋"。但是个人主义这个概念并不专属某一代人，克拉克大学的詹森·阿奈特（Jenson Arnett）教授（克拉克新兴成年人意向调查的主导者）认为，事实上它在某种程度上存在于每一代人的身上。"20多岁是人一生中最个人主义的阶段……我称之为以自我为中心的阶段……相比其他阶段，在这个阶段他们受更少的社会规则和责任约束，也有着自主自由。"

"95后"年轻人推行个人主义思想，有时候到了超个人主义的程度。通过直接观察、不断的对话和项目合作（经由我们的年轻消费者、"网红"、合创者的网络而实现），我们已经观察到这代人将自己定义为比以往的几代人更高度个性化的一代——这一认知很重要。他们自认为是我们这个时代最有个性的一代，这个命题本身几乎就是一个争论的焦点。不过，想想他们在塑造自我意识的时候是浸淫在网络和社交媒体中的，他们的确比以往的几代人拥有更多的选择和可选择的原始材料。

在研究和数据之外，如果想要了解年轻人的想法，我们必须首先认同他们的自我认知，也就是承认他们是最独特的一代人。AwesomenessTV[①]2017 年发布的一篇报告显示："这代人成长在交叉性成为流行语的时代里，他们将个性理解为这样一个概念——复杂的、不断演变的自我建设，而非一套静态的群体符号……如今我们面对的是许许多多细分的、交替的、高度专属的标签。"实际上年轻人把无数个交叉的亚文化群称为"家"，不再有过于特殊的或个人化的身份，所有身份个性都可以定制。高度个性化不再是人们进入某一群体或被社会接纳的障碍，他们很轻易地就会因他们的个性而被接纳，而不是被排除在外。

2017 年，英国一位"95 后"作家克洛伊·弗兰茨（Chloe French）书写她这一代人的经历："进入大学以后，我终于感觉自己有了权利。我终于可以实现愿望，从头到脚穿成粉色，而不用害怕像在英国德比的家里那样被质问……尽管今天年轻人没有大的亚文化群体，但我们能接受——更准确地说，是公开地鼓励个性化——我们为之自豪。"

如今的年轻人推崇个体之间的差异，相比以往世代，他们不会轻易对别人指手画脚，也不会那么犹豫不决，但这并不限于自我表现，他们需要更灵活的身份，因为他们需要适应生活中的多样性与更复杂的情况。静态的、固

---

① 简称 ATV，创立于 2012 年，最初只是 YouTube 上的一个频道，后成长为网络上最大的为新兴网络达人服务的多媒体平台之一。

化的"角色"越来越不能传达出个性，它更多地是由不断变化的、前进上升的状态所体现的。

我们都有过这样的经历：为了与某人或某个集体融合，我们会将自己不同的一面展现出来，对方也许是我们的父母、老板、朋友或搭档。这就是适应。年轻人也一样会尽力让自己适应当下的环境。然而对于处在这一人生阶段的人来说，要展现正确的性格也许比较艰难，因为他们还在发现、定义自己，不像成年人那样只需要在固定的性格中做选择。他们正将个性混合起来，就像万花筒将各种碎片组合在一起一样，而不是像换帽子那样整个儿更换。一个少年企业家在和朋友驾车去科切拉音乐节（Coachella）的途中喜欢在后座做针织，这不会再被视为身份认同危机——他正是在阐释自己的身份。

如果年轻一代是不断改变的个性的集合体，会根据环境让不同的性格"此消彼长"，那么他们的消费模式也大概是这样的。作为想要与年轻消费者建立联系的品牌，我们要了解、适应这些在不断改变的目标客户。问题是我们该如何迎合如此众多的不断变化的个性？要如何与这样一个多样的、变化的群体产生联系？

品牌把当下年轻受众变为自己的实际客户的可能性与品牌准确识别并连接年轻人圈子中正确团体的能力直接相关。换句话说，那些珍视你的品牌和被你的品牌寓意所吸引的年轻人，就是你的客户。依赖人口统计学定位法就像是在水中撒了一张网，然后祈祷鱼能自己钻进网里；而基于年轻人文化的细分市场方法则是把重点放在技巧上，而不是仰赖运气。

传统的人口统计学定位模式已经过时

市场细分就是与特定的人有目的地交谈，而不是和所有人说话，却什么信息都没传达。

莱威森（Levinson）和戈丁（Godin），1994 年

传统的人口统计学定位模式已经落伍了——尤其是对年轻人文化来说。如果我们真心想要以如今的个人主义消费者为目标，就应该采用基于文化的细分市场的方法，当然，人口统计学定位法和其他相对不那么个人化的方法也可以起到辅助性的作用。我们在这个行业看到许多极端的观点，一些人继续奉行猎枪营销法（Shotgun Marketing），另一些人则大喊："人口统计学定位法已亡！个性化方案万岁！"但这些都不是有效的定位方法，凭这些是无法在现实中设计出可行的以年轻人为中心的营销方案的。我们要从微观和宏观两个视角来看。

有的公司主要依赖人口细分。好处是有具体的数据可用以组织和分析，

而不需要考虑复杂的动态心理和情境。尽管只采用人口统计学定位法不那么有效，它仍旧是我们一开始用来筛选年轻群体的重要方式。

与此相反，一些广告领域的专家认为人口统计学定位法已经没有生命力了，典型的人口划分并不能预测和理解如今的消费趋势。我们认为"人口统计学定位法已死"这种观点过于偏激，模糊了事实。这是流行口号，在刚出现的时候可能会获得一些关注，并让一些人开始怀疑自己使用的人口定位法，但是支持这一理论的人真的认为人口统计学定位方法一点用都没有吗？难道年龄、性别、种族、收入这些要素真的不再重要了吗？实际上，在当下，这些要素对于从事年轻人市场营销的人来说还是很重要。有的人会说，"95 后"年轻人有更自由定义的个性，他们的消费行为不再符合如年龄、性别、收入这些传统的人口统计学划分标准。尽管的确有一些事实支撑这一观点，但并不意味着人口统计学定位法完全不可用。这并不是说要全盘否定人口统计学定位法，而是消费行为要求它们被重新定义——由消费者、科技、当下来决定。

如今不同群体的消费行为间确实会有更多潜在的重合。以一个 40 岁的男性和一个 15 岁的女孩为例，二者都可能买梦龙（Imagine Dragons）的音乐专辑、新智能手机和巴西莓果碗（acai bowl），但这当中有很多不同。运用人口统计学定位方法来理解这些差异是可行的。（移除这个"过滤器"，你就能看到不同年龄、性别的消费者之间的共性。）不论消费者是男性、女性、女同性恋者、男同性恋者、跨性别者还是性别认知疑惑者（LGBTQ+），这都会一直影响他们的需求和偏好。加上与年龄相关的成长变化等因素，你会发现年龄和性别因素一直都很重要。实际上，我们强调的是互补的筛选方法，而不是宣告人口统计学定位法的死亡，我们只是不再以人口统计学定位法为筛选受众的主要方法。

案例研究　人口统计学定位法造成的品牌与受众脱节

2016 年秋，美国一家服装零售商找到我们，想要更好地了解年轻消费者的想法，搞清楚为什么就算和知名的内容创作者合作，它的"网红"营销还是不起作用。营销活动的内容很棒，收获了大量互动，可是该品牌就是无法将流量变现。我们花了些时间了解这个品牌、它的团队和情况，渐渐发现它在定位年轻人市场时还欠缺一些基础性的工作，如果想要它的"网红"营销——或任何相关推广工作——对品牌产生正面的影响，就需要做这些工作。那时它将年轻人市场定位缩小到"学生群体"，但营销没做到点子上。换句话说，它得了一种被称为品牌与受众脱节（brand audience disconnection disorder, BADD）的"病"。我们给它的团队发了一份调查问卷，以下是该问卷的缩略版和他们的回答。你可以看到他们当时面临的挑战。

客户调查问卷

问题 1：你能确定你的目标消费群体吗？请简要描述一下你对他们的认识。

答：目前我们仅从零售商那儿获取到一些想法和反馈。我们知道他们喜欢有风格的、修身的，甚至紧身的、高级的形象/风格，还知道父母会陪伴他们购买。

问题 2：你的品牌会将年轻消费者划分为小分支或小群体吗？

答：我们只把受众定位为"少年男孩"，还没有进一步划分。所有设计都是针对 10 多岁的男孩子。我们的广告词是针对少年的，次级广告词是针对父母的。目前我们在做的是打广告，没有做受众划分。

问题 3：你的品牌掌握年轻人群体中核心（bull's eye）消费者的信息吗？

答：当下我们对"核心"尚无清晰的定义。我们知道我们的受众是16～18岁的男孩子，还知道父母在他们的意识塑造中起了关键的作用，不过我们还不确定父母是怎样影响他们的消费决定的。

问题 4：是什么促使年轻消费者支持你的品牌？他们关心的是什么？

答：我们只知道这和服饰效果尤其是修身效果有关。此外，价格和便利性也是重要因素。

很显然，这家服装零售公司在建立与消费者的联系过程中遇到困难了，因为它试图用过时的人口统计学细分法去应对一个过于庞大的受众群。这让它无从知道真正的受众是谁。除了能卖出几件衣服以外，它没有任何能与潜在受众搭建起联系的基础。我们认真倾听并找出了重要的需要优先处理的事项，然后想了一个策略来扭转局面。我们通过在它自己确定的细分群体中找到核心受众，有效利用公司的社会渠道与受众对话，帮助该品牌将步调调整至与受众一致。最终这个品牌完成了受众细分，与受众建立起了联系，营销计划得以成功。

拥抱多元，停止"追逐大部队"

"大众心理"是不存在的。大众不过是个体的集合，优秀的广告从来都是从一个个单独人物的视角写出来的。针对上百万人的广告词感动不了任何人。

费尔法克斯·M. 科恩（Fairfax M. Cone），1952 年，

博达大桥广告公司（Foote，Cone & Belding）创始人

当我们看到有品牌想要吸引一整代人或一个大群体，仿佛这是可行的时，我们称这种行为为"追逐大部队"。实际上现在年轻人内有众多多元的、碰撞的、不断变化的文化群体，他们是一个丰富多彩的整体，而不是一个同质化的整体。当今年轻人深刻意识到自己作为消费者所拥有的能量和影响力，他们不能忍受自己的个性被忽视、被无差别地揉进一个大团体里。如果我们把他们当成同质化的整体，不好好倾听他们的声音，就无法吸引大量"基于文化、兴趣、生活方式的小群体"，那么我们注定只能以狭隘的视角看他们的世界。我们将不能左右他们的决策，确定购买力背后的多种因素。若把这整个受众群体当成一头巨兽来追逐，我们就会忽视许多联系、洞察的机会；相反，花点时间想想每个年轻人的需求，那整个年轻消费群体都会成为你强大的盟友。

如何确定并融入年轻受众？

你要发起并主导对话。我们创立 *Complex* 杂志的时候，大型出版社并不关注运动鞋、设计、嘻哈，但这是我们的热情所在，我们围绕自己能够利用和发展规模化的兴趣点建立了垂直社群。如今细分文化正在推动大众文化，因为这些孩子都是超级粉丝，他们的行为塑造了大众认识品牌和产品的方式。

里奇·安东尼洛（Rich Antoniello），2018 年，
Complex 媒体公司的创始人兼 CEO

每个品牌都会不同程度地进行受众细分，然而细分的方式是能够塑造或破坏品牌与年轻受众同步的能力的。长久以来，我们帮助品牌了解和融入受众群体，当被问及我们是如何做到的时，我们才意识到一直没有将我们的处理过程正式归纳为一套模式。因此我们写下融入年轻人文化圈的行动框架，帮助品牌通过一系列步骤进行受众细分，目的是优化与受众的联系，不再局

限于某一人口统计学或行为的路径。

首先，我们采用传统细分筛选法将过大的、多元的群体进行划分，这种群体很难当成一个整体做营销。比如说，将年轻消费者细分至来自"堪萨斯城郊区有可支配收入的女青年"。在应用这些人口统计的、地理的、行为的筛选方式之后，我们利用消费心理和消费场景细分，可以把这个群体缩小到相对来说更有文化关联的小团体。例如，可能会产生这样的小团体：这些女青年来自堪萨斯城，是角色扮演（cosplay）的死忠粉，是电脑游戏玩家，还是高中高年级学生。了解她们有这些独特的兴趣爱好和习惯，了解她们即将高中毕业，这能让我们掌握许多情境信息。现在我们就可以根据她们生活中最有压力的方面来制定策略，为她们创造内容和体验，点燃她们的热情。人际交流有助于我们制定更有效的策略。在进行最初细分的时候，人口统计、地理和行为的因素都很重要，但这些并不能让我们真正与受众建立联系，仅能让我们缩小范围。一旦你将重心放在文化群体、小团体乃至组成你受众群的最小单元上，品牌与受众的联动就清晰可见，也更容易实现了。

融入年轻人文化圈的行动框架：实用的现代细分法

我们已经探析了品牌在寻求与年轻人同步的时候所面临的众多挑战。我们用以应对这些挑战的方案就是这个融入年轻人圈子的行动框架——一个专为年轻人设计的消费者细分策略，它围绕众多消费心理和消费场景，能让过程更清晰，目标更可达。

人口统计和地理划分仍旧可以提供好的方向信息，行为划分能向我们展现消费者购买、使用和消耗产品与服务的行为与时间段。然而这些层面的细分无法让我们进一步走近消费者的心。消费心理和消费场景筛选法就不一样了。尽管这似乎比较抽象，但是它们能揭示受众个人和人性层面的东西。消费心理和消费场景可以让我们了解是什么驱动了消费者。这两者提供的个人视角让我们将消费者当作真实的人来理解，有助于我们和消费者建立情感联系。实际上，在帮助品牌成功建立与年轻消费者的联系的这几年里，我们认识到这是识别合适的受众并建立真实联系的最有效的方式。人口统计学研究或机器算法产生的数据能够让我们基于过往经验预测消费模式，但不能培养我们与年轻人的关系，尤其是新生代。（美国的《儿童网络隐私保护法》和欧盟的《通用数据保护条例》等隐私法严禁未经家长同意采集未成年人的信息。我们会在第9章中进一步探究这些隐私法律。）

年轻人文化群体细分法和案例

活动：根据听音乐、娱乐、工作、阅读、游泳、编程、马术、绘画、追剧、踢足球、玩电子游戏等活动来筛选识别。

关注：根据 LGBTQ+、"黑人的命也是命"（#BlackLivesMatter）、电竞圈、科技、收藏等关注点来筛选识别。

品牌和内容亲和力：根据与年轻人亚群体相关的品牌，以及他们会看的内容类型来筛选识别。

观点：根据观点来筛选识别，比如社会事件、审查制度、环境、未成年怀孕、隐私权、平等、多样性、政治、宗教、经济等。

场景：根据场景和语境来筛选识别，比如现场活动、校园舞会，以及旅行及特定的天气等。

以上内容提供了一个有效的细分方式，让我们把年轻消费者看成许多个体的集合，而不是一个由年龄定义的整体。这一视角让我们了解这些复杂多样的大群体、亚群体、微群体和小派别想要的是什么（见图3），也帮助你识别出与你品牌最相关的受众。完成了这个框架，你会得到与你品牌相符的受众群列表，这便是有理有据的研究和战略布局的开始。（除非另作说明，本章我们不会再明确指出是大群体、亚群体、微群体还是小派别，而是统一使用"亚群体"一词。）

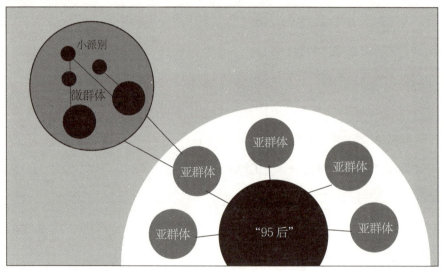

图3　年轻人群体的复杂性视觉展示

运用行动框架的准备工作

融入年轻人文化圈的行动框架是基于本书第2章、第3章中所指出的对"95后"的理解和5个基础真理建立起来的。在讨论这个框架之前，我们建议你温习几个关键点：

1.你是否形成了一个与年轻人有关的品牌定位？在第3章中，我们强调了一个强大、灵活且牵动年轻人心的品牌的重要性，也阐释了品牌定位在某些方面决定了你在年轻人市场中扮演什么角色。这对你来说可能是一个新的工程，又或许你的品牌已经很成功了，那么这不失为一个给品牌把脉的好机会。

2. 你能提升品牌与年轻人建立联系的潜力吗？基于第 3 章市场测试的结果，你应该对你品牌的影响力有所了解。你能够自信回应那些问题吗？你的回答是否给了你灵感，让你改善与年轻人交流的方式？你是否感到你的品牌已经准备好应对吸引年轻人的挑战？如果没有，我们建议你好好应对那些问题，直到答案变成正面的；如果是，那么请继续保持良好的状态。

3. 你锁定的年轻群体是否与你的品牌定位相符？你的目标会不会太宽泛？你要确定你已经开始做一些基础的细分（基于人口统计、地理、行为），确保你已经打好基础以进行框架里的下一步。做到这些之后，从文化角度找到与你同调的年轻受众就会容易得多。

融入年轻人文化圈行动框架的四个阶段

阶段一：分析年轻人群体的细分情况

目的：确定你要细分到什么程度

阶段二：明确品牌和年轻消费者个性的匹配度

目的：帮助品牌确定它们要在目标年轻人及亚群体中寻找的消费者特质

阶段三：确定年轻人亚群体的机会识别与优先级

目的：发展一些与你品牌拥有共同关键特质的亚群体，确定他们和你品牌的合拍度及把他们变成客户的可能性

阶段四：定义最佳受众

目的：分析品牌与受众合拍度和商业可行性之间的关系，探索它会怎样给你的品牌创造机会

融入年轻人文化圈行动框架的四个阶段

- **阶段一：分析年轻人群体的细分情况**
- **目的：确定你要细分到什么程度**

我们不用把每个品牌的受众都细分至最小级别的群体。受众细分等级取决于品牌定位和需要，再结合其提供的产品或服务来决定。要确定细分到什么程度，我们需要看一看年轻消费者和品牌之间的关系，再看一看他们与产品或服务之间的关系。

年轻消费者处在重视自我探索和定位的人生阶段，这时候他们高度接纳某个产品或品牌对他们的看法。比如说，牙膏或肥皂等不太个性的产品就不大会去定义这个群体，但是服装、鞋类、智能手机等个性化的产品／服务就能够塑造或打破他们的社会身份，因此他们更可能在选择智能手机壳和配件方面注入情感——这并不令人感到意外，因为这些东西能反映他们的个人身份。反过来，智能手机配件品牌就需要更努力地吸引这群人，因为利害关系更密切。如果品牌想要赢得信任，就需要找到并联合有影响力的亚群体。了解你的品牌和提供的产品／服务与受众关系的密切程度，这一步很关键，这能为你调整细分、在正确的时间向正确的人群提供正确的产品奠定基础。

- **如何操作**

步骤 1：确定你的品牌和产品／服务的市场影响是比较广泛的还是针对细分人群的

看一看图 4 中的元素，思考怎样将其应用到品牌和产品／服务当中。你的品牌与产品／服务在一些方面上有着广泛的影响力，而在另一些方面对细分群体较有影响力。我们想让你在每个维度上给你的品牌或者某个特定的产品／服务评分。评分为1—4，1代表细分，4代表广泛，你的评分不一定得是绝对的数值。这个表格仅是帮助你更好地了解你的品牌受众群的需求。让多位团队成员都填写这一表格，对比大家填写的结果，将答案呈现到图5中。

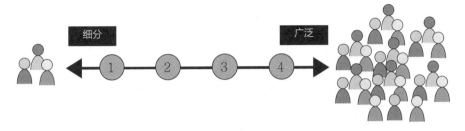

品牌文化与沉淀	1	品牌协同（人与合作伙伴）	3
品牌目的	4	活动与内容主题	3
标识与定位风格	2	产品、服务可获得度	2
品牌宣传语	1	产品特性与功能性	4
用户体验	4	设计审美	2

（以上评分仅作为示例）

图4　利用评分体系确定目标年轻人群体细分程度（给各项目打分，评分为1—4，1代表细分，4代表广泛）

步骤2：确定与你的品牌或产品／服务相符的目标范围与多样性

综合考虑你的品牌或某一产品／服务影响力的各个方面，根据其细分或广泛程度，具体的受众细分需求会有所不同。给出图4的答案，在图5中的对应位置上标明。得出的结果能帮助你确定目标受众的需求，并了解最适合你品牌的群体组合。这不是绝对的指导，只是受众划分方式的一个起点，重点在于帮助你的品牌与年轻人文化圈相联系。

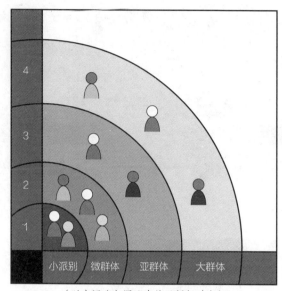

（以上评分与图 4 中的示例相对应）

图 5　通过影响力评分确定细分群体，借此通过群体类别确定多样性

输入

—已有的年轻人市场研究、分析和细分数据；

—任何初级划分资料；

—第 3 章市场测试的答案，以及本章讨论行动框架之前的问题的答案。

输出

—自我评估你的品牌或产品 / 服务在细分或广泛的年轻人市场中的影响力；

—按类别从广泛到细分对各个程度上划分的年轻人市场的需求给予建议。

● **阶段二：明确品牌和年轻消费者个性的匹配度**

● **目的：帮助品牌确定它们要在目标年轻人及亚群体中寻找的消费者特质**

● **如何操作**

步骤 1：确定品牌特质，向年轻人市场展现你品牌的精髓

列出一串你的品牌的内在特质。我们建议你想出 5～7 个特质，当然这完全取决于你。将这些特质按照重要程度降序排列。品牌特质比如：温暖、机灵、开朗、好斗、活力、智慧、迷人、时髦、运动、朴素、健康。你可以想出一些最符合你品牌的特质。

关于品牌特质的几个值得思考的问题：

• 倘若你的品牌是个"网红"，它会是哪个名人，还是哪款汽车？哪种动物？哪个卡通人物？哪种形象？

• 列出最能描述你的品牌的形容词或关键词。

• 如果你不知从哪里入手，那么试试珍妮弗·埃卡尔[①]的品牌个性维度（Brand Personality Scale）。在每个小标题下，描述你的品牌是如何展现品牌特质，或如何偏离品牌特质的（见下文）。

步骤 2：识别与你品牌特质相符的特点

用 3～7 个形容词描述你的品牌特质。这些形容词是你同样会用来描述

---

① 珍妮弗·埃卡尔（Jennifer Akker），美国斯坦福大学社会心理学家，是最早用归纳法研究品牌个性维度的学者。

你理想中的年轻消费者的。例如，你的品牌特质是"大胆"，那么可能的形容词是无畏、敢于尝试、蛮勇、直言、野性和叛逆，或者是无所畏惧、英勇、不惧和不屈不挠。为每个特质列出至少 5 个形容词，但不要和特质的词重复。以下是我们建议的一些品牌特质和消费者个性特点的组合，你可以想一些与你选出的特质和相应的受众最相符的形容词。

品牌特质 / 消费者个性一致性示例

- 特质：大胆

- 个性：无畏、敢于尝试、蛮勇、直言、野性、叛逆

或

- 特质：大胆

- 个性：无所畏惧、英勇、不惧、不屈不挠

步骤 3：给你的理想消费者特点排序

把你想出的形容词填入理想的年轻消费者特点优先级计划表（表 1）的第一列，然后在第二列里用 1—5 分给这些形容词评级，最后在第三列填写你评分的理由。

表 1　理想的年轻消费者特点优先级计划表

理想的年轻消费者的特点	优先级评分	评分理由
如：大胆、叛逆、野性、冒险精神	3	我们的品牌对该群体大多数人有吸引力，但是对一小部分人来说还不够大胆。

输入

—品牌识别和目标陈述，以及任何既有的年轻人市场调研与分析数据；

—根据品牌书或平台列出你的品牌个性特质；

—从以上特质中提炼出理想消费者群体的特征。

输出

—核心品牌个性特质的优先级排序；

—理想消费者群体特征的优先级排序。

● **阶段三：确定年轻人亚群体的机会识别与优先级**

● **目的：发展一些与你品牌拥有共同关键特质的亚群体，确定他们和你品牌的合拍度及把他们变成客户的可能性**

既然我们已经确定了理想消费者的特征，并给它们做了排序，接下来我们要确定年轻消费群体中拥有这些特征的亚群体。我们建议综合列出你认为与你品牌最合拍的大群体、亚群体、微群体乃至小派别，之后我们会告诉你如何排序，排序应基于品牌与消费者亚群体的合拍度、该亚群体对品牌产生积极影响的能力。

● **如何操作**

步骤 1：想出一系列可能的年轻受众群体

从下列可能的年轻受众群体中选一个细分维度作为起点，得出一系列符合该细分维度的亚群体。例如，如果我们用活动作为细分维度，我们可能一开始会列出游戏、运动、玩音乐、艺术创作、写作、表演、学习或工作等。用同样的方式来处理兴趣、品牌与内容亲和力、观点和场景。

确定潜在年轻消费者亚群体的细分法

细分维度 —— 活动 如参与到这些活动中的群体：玩音乐、娱乐、YouTube 视频创作、工作、阅读、玩游戏《我的世界》、游泳、编程、骑马、绘画、追剧等。

细分维度——兴趣 如对这些话题感兴趣的群体：LGBTQ+、"黑人的命也是命"、电竞、科技等。

细分维度——品牌与内容的亲和力 比如与年轻人亚群体相关的品牌，以及他们会看的内容类型。

细分维度——观点 比如对这些话题有想法的人群：社会事件、审查制度、环境、未成年怀孕、隐私权、平等、多样、政治、宗教、经济等。

细分维度——场景 比如在这些场景或语境中的人群：现场活动、校园舞会，旅行或特定的天气等。

接下来继续用以上例子探索群体参与的每种活动，活动的成功与否取决于你细分的程度。举个例子，游戏的两个主要受众群体是随性玩家和核心玩家（电竞和其他非比赛性质的），又可以进一步分为电脑玩家和主机玩家[①]，微群体可以再根据游戏平台和游戏类别细分，更细的甚至可以是根据游戏等级划分的小派别。

这个可能的次级受众群列表应当篇幅很长，这样你可以尽可能全面地了

---

① 即 console gamers。对应主机游戏，主机游戏一般分为掌机游戏和家用机游戏。

解年轻人的想法。数量很重要！做次级研究，和团队进行头脑风暴，深度挖掘年轻人丰富的群体结构与组成。你越了解他们，就越能有效融入他们。做出这样一个列表，选出 20 个或以上的群集，这取决于你想做得多细致。我们不想错过任何可能的群集，它们之后可能会很有价值。

步骤 2：完成表 2，将列表中的亚群体与阶段二中理想的年轻消费者的特征匹配起来

表 2　理想的年轻消费者特征与目标亚群体匹配表

理想的年轻消费者特征	拥有这些特征的亚群体
大胆、叛逆、野性、冒险精神	极限运动爱好者、行为艺术家、户外探险者、演员、舞者

步骤 3：根据与你品牌的合拍程度由高到低给亚群体排序

每个亚群体都会得到一个合拍度评分，这将作为接下来要讲到的坐标图的 Y 轴。评分为 1—5（5 分代表最佳），我们会根据与品牌特质的匹配程度给每个亚群体打分。例如，你也许将啦啦队队长这个群体描述为中等大胆的人群，给了她们 3 分，而可能在这一特质上给了滑雪者这个群体 5 分。每个亚群体的总体得分是他们在每项特质下所获分数的总和。在表 3 中，滑雪者的总分是 14 分，他们在大胆这项特质下的得分高，但在魅力值和活力值方面得分比较低，美妆博主的总体得分最高（22 分），那么对于在做这项评分工作的品牌来说，美妆博主有更多的共同特点，因此显得更合拍。

表3　品牌与年轻消费者亚群体的匹配度评分表

评分等级1—5	大胆	受欢迎度	活力值	魅力值	智慧	得分
演员	4	3	5	4	4	20
舞者	4	3	5	4	3	19
啦啦队队长	3	5	4	3	3	18
滑雪者	5	3	2	1	3	14
美妆博主	4	4	5	5	4	22
DJ						
户外探险者						
创业者						
板鞋迷						

步骤4：从商业可行性的角度由高至低给亚群体排序

每个亚群体都会得到一个商业可行性评分，这会成为接下来要讲到的坐标轴的X轴。以下几点对商业可行性的标准做了解释。

年轻亚群体商业可行性细分法

可识别度：指在市场内管理人员在多大程度上可以明确地识别或认出某个亚群体。

可持续性：指某个客户分区或群体能带来足够程度的盈利空间，这意味着数量足够大的用户或足够强的购买力。

可触及度：指营销人员可以通过推广、分销等努力抵达目标群体的程度。

回应度：指特定群体对营销活动做出回应的程度。

互利性：指不同群体之间互动及影响彼此、扩大影响力的可能性。

影响力：指某一群体在年轻人群体内外或跨群体中对其他消费者产生积

极影响的能力。

可行性：受众划分要对市场营销决策有切实的行动指导意义。

评分为 1—5（5 分代表最佳），从商业角度就这些亚群体的价值进行评分，填入表 4 中。每个亚群体的得分来自各个相应的标准下分数的总和。例如，在表 4 中，美妆博主这个群体的得分是 35 分，在评分者看来，这一群体的各项得分都领先；舞者的各项得分都偏低，滑雪者则时高时低。也就是说，对于做这项评分工作的品牌来说，美妆博主带来了更多的商业机会，因此在商业上的可行性更佳。

表 4　年轻消费者亚群体的商业可行性评分表

评分等级 1—5	可识别度	可持续性	黏性	可触及度	回应度	互利性	影响力	可行性	得分
演员	4	3	4	2	4	5	3	3	28
舞者	3	3	2	2	3	3	3	2	21
啦啦队队长	5	4	2	5	4	5	5	3	33
滑雪者	2	1	4	1	4	5	3	3	23
美妆博主	5	4	5	4	4	4	5	4	35
DJ									
户外探险者									
创业者									
板鞋迷									

输入

—阶段二的品牌个性特质；

—阶段二的理想年轻消费者特征；

—潜在的年轻人群体列表；

—年轻人群体商业可行性细分维度表。

输出

—可能与品牌合拍的年轻人群体总列表；

—与品牌有共同核心特征的年轻人群体列表；

—根据与品牌合拍的可能性打分得出的年轻人群体列表；

—根据潜在的商业可行性打分得出的年轻人群体列表。

● **阶段四：定义最佳受众**

● **目的：分析品牌与受众合拍度和商业可行性之间的关系，探索它会怎样给你的品牌创造机会**

这是合拍度与可行性相交叉的领域，可以帮助品牌明确哪个年轻人群体是自己的目标受众（见图 6）。品牌可以在右上方的象限发现自己的最佳机会（类似靶心），左上和右下象限是中等机会（类似靶心的外面一环），左下象限是机会最小的区域。

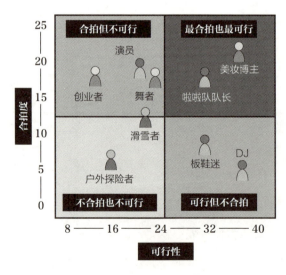

图 6　年轻人群体与品牌的合拍度及其商业可行性分析

● 如何运作

步骤 1：在坐标轴中划分亚群体

在阶段三中，我们划分了与品牌有共同核心特征的年轻群体，与品牌可能合拍的年轻群体，根据潜在的商业可行性打分得出的年轻群体。在这一章中，我们有了 9 个评过分的群体，其分值是从合拍度和商业可行性方面得出的。根据 5—25 分的合拍度的评分，和 8—40 分的潜在商业可行性评分，亚群体就能被精确划分了。

步骤 2：分析每个亚群体为品牌创造机会的潜力

一旦明确了这些群体，我们就可以回顾一下他们的合拍度和商业可行性，并将其编制进我们的战略。我们可以看看要以怎样的最佳方式对待这些亚群体，怎样利用他们的优势，规避他们的劣势——因为他们影响着更大规模的目标受众。右上象限代表最有价值的目标群体，左下象限代表最无关的群体，其他两个象限代表目标群体有一定的价值，但这得看你在特定场合是关注他们的合拍度还是可行性。想想在什么场景中，这些潜在的年轻群体会对你的品牌有利，当然，这也是基于合拍度和可行性的。

步骤 3：通过寻找重合部分发现"超级群体"

一旦你确定下来每个群体在坐标轴中的位置，以及与你品牌的关联程度，你就需要想想有多少个体会同时属于多个群体。例如，舞者和演员在某些时候也会做些啦啦队的工作，与此同时，他们也可能是 YouTube 上美妆博主的狂热粉丝或者本身就是美妆博主。我们把这样的情况称为重合（overlap），当它呈现在图中时，我们会更容易发现这些看似独立的群体之间的共同点（图 7）。

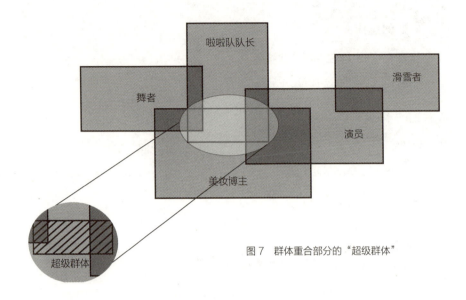

图 7　群体重合部分的"超级群体"

　　一些群体可能重合部分较多，一些则重合部分较少。有时，这种重合可能占了一个规模较小组的很大百分比，有时则可能占多个组的很小百分比。无论是哪种方式，重合本身就构成了一个小群体，由两个或两个以上亚群体构成。当群体重合时，就形成了一种聚合文化——这是一个在年轻受众之间建立强大文化关联的机会。但是，我们必须谨慎对待这些含有"混血基因"的超级群体，因为这可能导致我们疏远那些与之有利益冲突或存在于重合群体之外的人。了解这些重合群体中的人，可以让我们深入了解多样且不断变化的年轻人群体。

　　自问一下，你觉得哪些重合部分或"超级群体"对你的品牌来说最重要？这一做法是有意义的，它能让你看到哪些群体对你来说最有价值，或如何在更大的群体中驱动消费。你可以多回顾这些重合群体的合拍度和商业可行性，为决策提供依据。例如，每个群体在与品牌的合拍度或商业表现上的得分情况如何？这对你确定哪个群体是更好的匹配项有何影响？什么时候你会考虑把重点放在合拍度上，什么时候又会考虑把重点放在可行性上？

接着，想一想你要在多大程度上保持品牌特质。换句话说，你可以接受什么程度的例外——有时着重右上象限的核心群体，有时关注其他象限的群体。这种情况下，群体可能是比较合拍但商业可行性不足，也可能是商业可行性比较好但不那么合拍。你要如何决定哪一项更重要？参考品牌指南和第3章中的真理，能够帮助你的品牌做这个艰难的决定。我们要知道最重要的受众的标准是什么，不要被分散了注意力；好好掂量着做决定，清楚你的划分策略对你的受众有什么影响。了解某些群体对其他群体的反应方式至关重要，此外，还要了解在应用此框架制定策略时，是否提升或降低了合拍度。我们强烈建议：不要为了迎合一个关键群体而忽略了一个同样重要的群体。

尽管这样，人们的行为还是难以预测。即使你完全遵循这个指导性框架来寻找受众，你也可能会发现有一些在你看来并不接纳你的品牌的"局外人"。同样地，被你当成核心目标的人群有时候也没有你想象的那样对你的品牌感兴趣。

尽管没有一个体系能够在任何情况下准确预测目标消费群体的组合，但这一框架可以帮助你进一步走近这些文化群体及他们的生活方式，有时候甚至走近重要的个体。

输入

—根据阶段三中与品牌的合拍度打分得出的年轻人亚群体列表；

—根据阶段三中商业可行性打分得出的年轻人亚群体列表。

输出

——张展示年轻人群体与品牌的合拍度和商业可行性的图；

—每个象限下的群体与品牌的合拍度和商业可行性（每个象限都展示了不同的合拍度和商业可行性）；

—详细的群组列表（包括亚群体、微群体、小派别），与品牌最合拍、商业可行性最高的群体列表；

—"超级群体"列表，当两个或两个以上亚群体重合，就会产生一个"超级群体"。

我们意识到这是一项密集且考验脑力的工作，为了让它更生动有趣，尝试做一下这个热身游戏吧——将要求的信息填入以下空白处。

◎热身游戏

填词游戏：完成以下填空，评估品牌与年轻群体的合拍程度

我们的品牌对_____（大众／细分）年轻市场更有吸引力，我们的产品对_____（大众／细分）年轻市场更有吸引力，因此我们的年轻市场细分需求_____。（很小／中等／很大）

在我们的年轻市场上，我们注重的品牌特质是

_____、_____、_____、_____；

我们的理想消费者的特征是

_____、_____、_____、_____。

有这些特征的群体包括

_____、_____、_____、_____。

在这些群体中，_____、_____、_____、_____与我们的品牌最合拍；_____、_____、_____、_____有更高的商业可行性。

综合上述两大因素，排名前五的群体是

_____、_____、_____、_____、_____。

鉴于他们对品牌的潜在价值，对他们善加利用，我们将有更多机会通过_____、_____、_____进入多个类似的群体。

---- 本章要点 ----

- 在完成年轻人文化圈行动框架下的各项练习后，把阶段四中的最终结论应用到工作中。现在你应该有一个定制化的列表，显示对应于你的品牌的目标人群及亚群体。他们从合拍度和商业可行性角度代表了理想的受众群。

- 在第 6 章研究和开发年轻人文化参与脚本时，这一基础工作也可作为指导。

- 超个性化是常态：年轻人想要的就是独特。在制定有创意的针对年轻人市场的策略时，要记住保持高度个人化甚至"怪异"会让品牌有机会了解并融入他们。

- 传统的人口统计学定位模式已经过时。如果你真的想要融入这一个性化的年轻消费者群体，那么就把受众细分策略的重心放在心理、生活方式和消费场景上。

- 拥抱年轻消费者的多样性，别去"追逐大部队"。如果你把他们当成一个同质化的群体来接近，没有去吸引数量庞大的"基于文化、生活方式的小群体"，你就把自己局限在了一个狭小的视角里，对他们的世界和决策背后的动机的认识也会非常受限。

- 在年轻人群体中识别出与你的品牌气味相投的亚群体，并与他们建立联系。打造内容和体验，唤起你的目标受众的激情，与他们的消费场景产生联系，这样一种人与人之间的联系能帮助你发展出真正的同步的联系，是最有效的策略。

05

从年轻人中发现想法，获得创意

毛毛虫不是小的蝴蝶，孩子也不是小的成年人。想要用对待成年人的方式从孩子那里获得深入的洞见无异于想让毛毛虫飞舞。这是不现实的。但是，如果你知道孩子们是怎样体验世界的，你就能设计出以孩子为中心的调查研究，让他们自由表达自己独特的见解，展现无拘无束的能量和欢乐的创造力。设计与孩子相关的研究要把孩子考虑进去，这样孩子就会像美丽的蝴蝶一样，让你眼前一亮。

特伦斯·伯克（Terrence Burke），
KidSay 高级副总裁兼首席编辑

合作会带来可行的观点和想法

　　要全盘了解年轻人是怎么想的、感受如何、会如何行动，并不简单。那么我们要怎样有效地和年轻受众建立联系，探索他们脑袋里究竟在想什么呢？年轻消费者的动机和其他几个世代的人完全不同。比如，如果我们想知道年轻消费者的消费决策，我们不能仅仅基于现有的、年纪较长的消费者的情况来预测年轻人的消费模式。猜测永远成为不了现实。如果认为年轻消费者的某方面行为和表现会准确反映这一代人整体的行为，这会让你错失真正了解他们的机会。

　　我们的经验是，不断进行对话和互动比传统的焦点小组模式更能获得深刻的理解。在这个数据化时代，很多时候人文因素会在数字中迷失；我们不能在实验室里研究年轻人，这会有碍他们吐露心声。下面我们会评估有效的年轻人市场调查设计方案的细节，分析为什么我们认为调研和合作方法应当随年轻人文化一起改变——最终适应这一代人的步伐。即使这样，要获得有行动指导意义的信息，研究和构思过程中也常常会有许多摩擦。

在这一章中我们主要关注年轻人市场调研和创作性合作的定性方法。定性研究主要是探索性的，用以获取对深层原因、观点和动机的理解。它也能提供对问题的洞见，有助于为另外的定性研究阐明想法或假设。这是帮助我们理解年轻消费者的认知和动机的理想途径。它让我们用开放的思维接触受众，而不是从一个官方或专家的立场做这件事。不要局限于传声筒式的常规调查或线上群组，这有助于让你和目标受众保持对话。它会激发真正的洞见，开启真正的对话。

针对年轻人的调研与合作设计

我们总想让孩子有创造力，想让他们讲述自己的故事……给他们参考框架，让他们做自己、去创造，这才是我们的目的。

丹·温格（Dan Winger），乐高公司高级创意设计师

调研与合作的方法能成就一项针对年轻人的项目，也能破坏它。一个设计得当的流程应该是一个研究性的路标，必要的时候通过不断地对它进行检查和平衡，能够保证我们不偏离轨道或中心。专为年轻人设计的研究需要能够捕获年轻人的想法、喜好，而这些用传统的研究方法也许并不能显露出来。我们跟"95后"年轻人有多年的相处经验，我们学会了如何了解他们；因此在本章中，我们的大部分方法都在某种形式上源于互动研究和文化浸入。让自己更进一步地沉浸于年轻人的生活，能帮助我们创造全新的产品类别、服务和内容，从根本上满足年轻人的需求，创造新的价值，拥有创造强大的竞

争优势的潜力。你的调研与合作设计是否推动了你与受众的互动，从而产生具有行动指导意义的见解？

你的调研和合作帮助你与年轻人文化建立联系了吗？

要设计和实施能挖掘出年轻人的想法、行为、喜好的研究，我们必须考量他们处理信息的方法和沟通的方式，想想下列几点指导原则。

● 建立互信和互相尊重以了解实情

你是否全程对参与者保持透明公开？你是否足够坦诚地让他们参与进来并维持这样的关系？尊重是个双向道，年轻人会知道什么时候你没有倾听他们；在你获得他们的信任之前，他们是不会毫无保留地告诉你真实的想法的。要接近真相就意味着你要说服他们，让他们知道你是一个愿意倾听的伙伴——你可以通过互动和合作来实现。如果做不到这些，他们的回应不可能很深入，无非就是应付式回应或者翻个白眼。

● 选择调查对象熟悉的环境

要了解受访者的想法、促进合作，保证他们的体验很重要，因此我们采用社交驱动方式——由消费者的视角和他们对体验的反馈来主导。这很重要，可以让受访者感到舒适。如果他们感觉格格不入，就会关上心扉，不完全表露自己的想法（就像前文说的那样），或者只会跟你说些他们觉得你可能想听的东西以避免尴尬。当把消费体验的方方面面都综合考虑进去的时候，研究和构思才是最有效的。

● 合作，而不是仅仅"做调研"

我们的目标是要保持独特，与年轻人同步。我们都知道随着年轻人的成长，他们有更多的选择，也面临更多的诱惑。你收集数据的方法是否足够独特、有创意？是否能引起受访者的关注？你的调查方法能激发他们打开心扉、分享真实的观点吗？能让他们有兴趣参与未来的计划吗？例如，我们可以采用游戏化的互动与合作方式，而不是单向的问卷调查。制造互动，让年轻的受访者不会觉得这是个"调查"，但同时能为品牌带来研究成果。

针对年轻人的调研和合作设计中的要素

在这个过程中，第一步是为调研和合作活动招募参与者。这是重要的一步，往往也是很难做好的一步，但在这里我们会做出规划。下一步，我们要考虑品牌和受众所处的环境：与年轻人有关的信息和潮流趋势有助于我们构建研究方法，让我们根据品牌的理想受众来确定调研或思维方式。最后，我们要制定并运用极具互动性和协作性的方法，让年轻消费者和品牌深度参与到研究过程中。研究的结果可以帮助品牌形成可行的市场策略。

招募参与者

合作和调研不仅在设计层面非常困难，在实施层面也很令人头疼。下面我们将探讨招募过程中普遍存在的问题，以及推进这一任务的一些解决方式。只有对的人给予我们反馈，才能为我们提供可靠的发现与创意。这里提到的方法有助于减少数字调研中常常遇到的不确定性：谁来回答你的问题、完成你的任务？他们真的是你想要听取想法的对象吗？他们有多出色？不管你的目标是广大年轻人群还是特定的细分人群，研究结果的质量都取决于招募的质量。

招募过程中的难点

我们会到哪里招募年轻消费者？当我们真的找到一个群体来参与我们的调研时，我们要怎么保证他们的参与能带来有价值的观点？在做有关"95后"的群体研究时存在很大的挑战——招募高质量的参与者。

这些挑战比较复杂，其中一些甚至还尤为模糊：有时候想要找到招募的来源都不简单；我们要怎么识别、选择我们想要寻找的各种不同的个体，让他们参与进来？要怎样鼓励他们自然、开放、坦诚地参与互动？有一些挑战相对明确，比如要依照美国《儿童网络隐私保护法》(COPPA)、欧盟的《通用数据保护条例》(GDPR)和澳大利亚的相关隐私条例，征得父母的同意（见第9章）。

还有一些挑战十分令人不快。你的调研对象是否对这项调研奖励的关注多于想要开放、坦诚地分享观点和创意？奖励机制会削弱调研的真正意图。我们要用适当的方式吸引参与者，这是我们要坚守的底线。如今，通过手机等在线调研工具来做数字调查让收集数据这个过程变得更为便捷，也更节约成本，但也为那些想借机获取奖励的人打开了大门。

典型的例子就是专职的"调研投机者（survey-gamer）"：他们专门找网上和App上有现金、礼品等奖励的问卷调查来做。实际上，还有很多博客、网站、社交账号，它们专门帮这些人搜集这类调查问卷，消耗你的调研预算。还有一个常见的例子就是父母给他们的孩子注册，但是由他们自己来做这个问卷，或者指导孩子做问卷。被父母的成年人思想"洗刷"过的答案已经没有参考价值了，我们也不希望参与者是一个被父母要求参与调查，本质上只是为了

"完成任务"，而给不出真实想法的人。

招募难题的解决方案

招募参与者涉及多个环节：确定来源、得到许可、拓宽范围、识别并筛选合格的参与者，以及根据项目目的确定适当的样本数量。由于我们已经在与年轻人相关的领域有 20 多年的经验，我们归纳出了在与年轻人共事时可利用的资源和最合适的做法。

专注构建一个强有力的招募资源体系

这完全与人际关系相关。招募资源的质量越高，调查对象的有效性就越强，因此我们必须确保我们的资源代表的是现实环境——或年轻群体——在这里年轻人共存、互动，与资源之间有着紧密的联系。任何项目都应当尽可能保持自然，不打扰年轻人群的生活，这样他们的参与也能尽可能不受影响。

一旦你建立了牢固的资源网络，那么或大或小都可以，关键是要一直保持扩展的势头。这可以为寻找调查对象导流，避免在同样一群人中重复做调查的弊病。和那些通常拥有稳定的年轻用户流量和圈子的机构合作，是一个明智的选择。

提升参与和反馈质量的小贴士

• 清晰地定义参与者的筛选标准

• 招募较小的样本数量（仅考量质量／观念）

• 关注参与者的个体质量

• 形成筛选合适参与者的方式

- 进行确认面试（面对面／手机视频确认）
- 让专业的年轻人引导者参与进来

可靠的年轻人招募来源

- 学校和课外项目
- "网红"的网络效应
- 学生俱乐部和机构
- 家长聚会
- 专业性的招募机构

激励参与的一些想法

下面是一些游戏化的激励方式，可以应用到手机、网络和现实的任务型活动中，以协作的方式吸引年轻人来参与。所有针对年轻人群的研究和创意项目都是带有娱乐性的；一旦你确定好参与对象，而他们也达到了标准，你就可以制订一个激励计划了。

游戏化激励参与策略小贴士

- 常用方法：访谈法、民族志研究法和手机视频调查

—抽奖：做完调查或完成任务后，让参与者到抽奖处抽取年轻人相关品牌的珍贵礼品，比如礼品卡（来自 Forever 21、星巴克、亚马逊、Zumiez 等品牌）。

— "千年一遇"的机会：比如，在进行一些比较大型的研究时，让参与者有机会做客高人气的 YouTube 直播节目。

一"抢先看"：选出回答得最好的参与者（以预定的标准为依据），赠予他们还没发售的新品或样品。

一表现奖：赠予回答出色的人礼品卡（开放性问题），尤其要嘉奖有特殊贡献的人，激励参与者在活动中努力表现，争取拿奖。

• 常用方法：评委会、合作构思和测试项目

一文书工作：奖励现在就开始！鼓励参与者或他们的父母签下同意书，参与到项目组中赢得大奖，这类奖励能让你很快确定受众，激励参与者。

一自我介绍：让参与者向项目组介绍自己，完成后可以参与抽奖，有五分之一的中奖机会。

一提供参与限量新品研发的机会：达到一定的标准，就可以在"回答得好"的参与者之中选出几人参与下一次品牌相关产品的研发。

一时间就是一切：第一个完成研究中全部三项任务（视频问题、文本反馈、表达想法）的人有机会从十五张礼品卡中获得一张；参与者必须在规定时间之内完成三项任务，才有机会获得奖品。

用基线调查打基础

设计和构思研究方案时，我们要了解背景信息：对年轻人文化、产品／服务种类、时事和整体的媒体环境要有大致的了解和认识。你的竞争对手在做什么？目前有哪些前沿科技、社交平台、世界观和流行观念？最后，能够影响年轻人行动、互动、理解这个世界的是什么？保持好奇心，用有效的方式探索年轻人的全貌。我们建议你用下面两个方法来建立你对目标年轻人市场的基础认识，这两个方法是经过事实验证有效的。

年轻人和流行文化媒体调查

是什么：年轻人和流行文化媒体调查是指对与年轻人的生活方式相关的生活媒体进行调查，包括社交媒体、视频点播、广播新闻、杂志、书籍、公开活动等，只要是现代瞬息万变的年轻媒体环境中重要的活动都包含在内。就像卫星图片向我们展现出变化的天气状况，对流行和新兴媒体进行调查可以帮助我们弄清楚当下的潮流趋势及其频率，或许能借着预测热点，迎来新的重要的机遇。

怎么做：进行简单或复杂一些的在线调查，利用社交工具来识别需要解决的问题。

为什么：年轻人媒体调查能展现最新的趋势、洞察，帮我们了解目标年轻受众和新生重要事物的快速发展。这有利于品牌对年轻人群体形成大体的认识，从而为营销活动、打造新品和新服务奠下基础。媒体调查能提供文化环境信息，展现变化，提供方向。

贴士：用思维导图来确定研究的主题，建立研究发现的数据库（这就跟云盘或再强大一点的云数据库一样）。关键是要观察变化，既要观察与年轻人相关的生活方式，也要看这之外可能对你品牌产生影响的东西。

趋势追踪

是什么：趋势研究和分析是从定量的角度看年轻人文化。观察全年的各品类产品，能让我们对年轻人生活中所有关键性的行为、态度和渴望有全面的认识，不仅能看到他们当下的情况，也能看到他们在这个环境中的变化。

怎么做：通常这要历经 12 个月甚至更久的时间，每年实地调研 4～6 次。样本数量通常是每次超 1000 人（每年 4500～6000 人），综合考虑地区、民族、性别等因素。

为什么：年轻人的生活是动态变化的，因为他们在已知的世界里发现了自己是谁，确定了想要成为什么样的人。随着便携式通信设备在更多人和更小年龄的人中普及开来，年轻人用以了解世界的渠道呈指数型增长。趋势追踪把过去的积淀和现在持续更新的认识综合起来，让你能够做好准备，甚至在事物来到年轻人的生活中之前就预见到未来。追踪趋势可以让你在这个充满挑战的市场中生产、定价、定位、营销你的产品时将投资回报最大化。

贴士：年轻人的喜好、消磨时间的方式在不断的变化中。知道他们是谁，他们是怎么想的，对于形成最准确、清晰的回应至关重要。真正地跟孩子沟通，而不是让有倾向性的父母替孩子们发言；再用一系列开放式的问题，让他们说出真实的想法，也让你知道你的受众是怎么想的，以及为什么这样想。

年轻人的调研和协作方法

我们曾经将我们的主要受众称为富有表达力的创作者，我们想要确保他们与 Vans 有强烈的情感纽带。我们希望确保他们能和品牌的核心价值（创造力、真实、包容、热情）联系起来。我们通过消费者的想法去理解，是什么让他们前进、与他人联系、感到不同，在此基础上，我们通过创作内容、试验性营销、促进产品合作来激发有创造力的表达。

塞巴斯汀·马克（Sebastien Marcq），

Vans 前 EMEA 地区 ① 经理，高级品牌营销经理

一旦我们招募了参与者，通过年轻人和流行文化媒体调查及趋势追踪搜集到了信息，我们就可以开始思考怎样和从哪里着手进行下一步的探究，以

---

① 指欧洲、中东和非洲地区。

及什么方面需要有更深层次的想法。通过恰当地利用多种方法，我们可以得到珍贵的观点和想法。我们利用这种组合方式鼓励参与者积极地与我们一起开展研究、合作——有时甚至是共创。

为了从针对年轻人展开的研究和合作中得到最佳结果，我们呈现研究方法的形式完全按照年轻人的方式：用他们的表达方式、在他们的空间、用与他们相符的语言、用他们熟悉和可接受的方式和技术。从他们体验某种特别的技术的方式可以看出方法成功与否，因此我们应不遗余力确保受众能够获得良好的体验，保持兴趣，不会感到无聊，不会转移注意力。他们越是深深参与其中，给出的答案质量就越高，所以我们对某种特别的方法能带来产出有实际的期待。下面有几个经过验证对年轻人有效的方法，能让你从目标年轻人市场得到高质量的答案。

年轻人咨询委员会

是什么：它是一个在线的或基于手机应用的方法，帮助品牌与一群特定的专家、意见领袖和消费者建立联系。年轻人咨询委员会由多个思想前卫的年轻人群和利益相关者构成，两者都符合既定标准，对品牌有价值，而且和年轻消费者有深层联系。他们通常是青年问题专家、发烧友、意见领袖、叛逆者、年轻人代表——这些人要么是你的受众，要么会影响你的受众。分组人员通常比较少（50～100人甚至更少），这有助于在调查研究和思维构建中形成集体感和认同感。

怎么做：获取"内部消息"能让品牌做战略决策的时候更自信。通过与目标受众交流看法、构思、合作或共创，我们让有创意的想法有了真实的基础和能引起目标受众共鸣的内容。

为什么：每个咨询委员会成员要做的就是评论和反馈，或者帮助协调以解决问题和产生新的想法。设计合理、有效的年轻人咨询委员会，参与定性对话，帮助品牌推进目标受众研究或形成策略。他们能呈现关键洞见，挑战战略性思维，激发新的想法，确保以年轻人为核心的方案（短信、广告、产品研发、教育项目等）与年轻人关联起来。

贴士：召集一群拥有各种才华和个性、有着不同的角色和经历的人。尽量保证人物的类型多样，使他们产生互动，这个群体就有能量和激发点了。引导这群人进行体验，让互动有趣，创造一种团体的使命感。

案例研究　全球化妆品品牌——"95后"咨询委员会

与我们一起定义

附属细则：为了替客户保密，我们不会提及公司名字，我们也改了称号。细节和结果没有变动。

我们做了什么？

随着化妆品的使用趋于低龄化，以及人口的增长和生活条件的提升，化妆品品牌越来越关注年轻人的市场。为了确定在什么时间、什么地点使用化妆品，如何让年轻消费者喜欢该品牌的产品，我们专门创立了特定品牌的咨询委员会以在项目中形成合作。我们的目标是做出一本包含一套预先批准的参与策略的指南，让该公司的内部营销团队可以谨慎计划，展现优势。

我们是怎样做的？

我们和该品牌的内部团队共事了逾 90 天的时间。这个咨询委员会包含了 92 个年龄在 13～18 岁的青少年，他们又进一步被分成 3 个小组：男性、女性、流动性别。我们手动选出早期体验者、不喜欢品牌的人、满意的顾客、影响力人物、激昂内容的创作者，组成了一个全面的团队，这样一个团队具备我们所需的创意思维。以下是我们所做的事情：

● 我们让 5 位美女"网红"邀请青少年粉丝来项目首页申请 VIP 体验，在面试和筛选前核准申请人的资格；

● 我们通过手机视频调查收集了一些观点来确定参与渠道；

● 参与人将自己参与和体验品牌的想法分享到相应的渠道上；

● 我们汇总每个人的想法，通过一系列有趣的测试给它们排名；

● 将那些最好的想法整理汇入虚拟的参与策略与战术目录；

● 我们亲自选出 10 个想法，让大家对这些想法加以说明，并测试反响；

● 我们不断在咨询委员会成员身上测试内容和互动效果，根据反馈不断改进。

为什么这个做法有用？

该公司花了很多时间、精力去真正了解年轻受众想从品牌身上寻得什么，它直接与年轻消费者接触，问他们恰当的问题，与他们互动，倾听他们的声音。最终，它形成了年轻人参与策略，该策略能够引起受众的共鸣，符合他们期待的与品牌互动的方式。如今该公司有了支撑自己一路前行的指导原则。

咨询委员会的最佳实践

● 用一个欢迎短视频来启动你的定制化私人手机群组。

● 先发布一些与项目相关的讨论话题，了解每个成员，建立群组，激发创意。

● 每周一发布一个活动让成员在周日之前独立完成。在群组里给参与者发布活动通知。每个活动都应该有一个页面指导参与者完成活动步骤，并私下且秘密地记录他们的反应（通过文本／视频形式）。

● 在这一周当中，发布一些讨论话题，鼓励小组进行与活动相关的讨论。用这些小任务引发讨论，让大家更深入理解话题、想法、主题、趋势——这些我们可以从每周练习中看出来。

● 确保每周的练习都可以激发并深入挖掘想法，这些想法能反馈、启发、纠正你的参与策略并帮助你确认方向。

● 确保让很多不同文化圈的人参与进来，从影响力人物、发烧友、外向的人到内向的创意者和学者。

基于手机视频和音频的调查

是什么：基于手机视频或音频的调查指以智能手机、应用软件或笔记本电脑的应用工具利用视频或音频的方式来捕获参与者的回答，而非文本的形式。交流主要是非书面形式的。视频可以让你看到更多信息，音频可以让你听到更多信息，而这些信息常常在非即时的、文本的交流中遗失掉。手机调查让用户可以利用周遭的环境和朋友，回答因此也就更生动、更真实。

怎么做：参与者会拿到一个问题或任务，根据提示录一个视频或音频的回应。这种方式用手机应用来实现最为高效。通常参与人会用手机、移动设备或电脑来录制并上传视频。

为什么：手机视频调查传递了真实、实时的年轻消费者的故事和反馈。因为这是实时进行的，反馈的内容不会因为记忆或情感褪去而受损。对年轻人来说，用手机来做回应往往更好操作，这也意味着反馈会更深入。此外，由于你可以真实地看见和听到真人给出的反馈，你可以在此基础上为你的研究评估、筛选合格的参与人，确保他们能与你的受众建立联系，或能代表你的目标受众。这样也可以让你对参与者进行质量把控，保证你在无法亲身进行调研的时候获取更多定制化的研究。

贴士：在调查或项目的开始阶段，我们常常用激励性的视频或语音信息的方式，让与年轻人相关联的人提出问题或发出号召。我们发现如果是群体内部人员或未成年人发出这样的呼吁，年轻人参与的信任度和意愿都会更高。如果是一个同龄或者大几岁的影响者、创作者或同伴来传达这个信息，效果会更好；这会制造亲近感，更重要的是，建立超乎想象的联系。

社交测试

是什么：社交测试指的是品牌或非品牌的调查活动，旨在了解年轻人对产品的看法、他们的消费习惯和消费动机，更好地从全局的层面理解年轻人的看法。然而这个调查不需要展现出这个目的。通常我们用 7～10 个问题，以具有吸引力的视频或音频的方式展现，而不是用贫乏的文字形式。要将问题设置得有趣、具有娱乐性。社交测试经常被广泛传播、分享，以邀请更多的人加入，这种测试在定性研究里加入一层定量数据，是一个节约成本的方法。

怎么做：创造一个有趣且信息量大的测试是非常难的一步。要记住，成功的社交测试需要具备的特点是互动性和趣味——我们加入了照片、媒体文件，甚至是合创性的活动，以确保更高的参与度。我们在 300～5000 个被调查者中使用这种方法，具体如何使用完全取决于你的目标。通常这些问题会在某一个主流社交平台上发布，或者嵌在登录页面上。

为什么：社交测试和占星术有一点相似之处：人们总是对自己和未来感到好奇，或者想知道关于自己的"隐藏的真相"。他们渴望通过社交测试发掘偏差或者争议。社交测试似乎让人难以抗拒，因此品牌可以借此提出有价值的问题，用娱乐的方式呈现，在年轻人世界的社会性和戏剧性层面增添色彩。

贴士：为了取得最好的结果，需要与目标媒体或有影响力的人合作进行这个测试，把非品牌性的测试挂到网站、博客、Instagram 或 Facebook 上。尽你所能地发挥创意，根据目标受众定制你的测试——让测试只关乎他们！

影响力人物的思维分享

是什么：影响力人物的思维分享是一个全新的调查和构思方法，包括焦点小组、访谈或民族志项目。所有这些都是由一个或一组影响力人物参与，这被视为是一种与特定受众或细分市场专家的直接对话。相较于我们和标准的参与者进行的对话，这一方法主要用来解决更复杂的问题，应对更复杂的思维挑战。这让品牌最大化地利用影响者：不仅是向下游（向关注者和消费受众）产生影响力，还向上游产生影响力，以让我们更了解目标市场。

怎么做：最简单的就是用移动视频调查或语音技术来促进品牌和年轻市场影响者的深度对话。也可以采用多阶段项目，将不同的方法综合使用，让每个执行不同项目的影响者团队都参与进来。这会持续几周或几个月的时间。

为什么：影响者拥有地位和追随者，享有受众的尊重和信任。他们比谁都了解目标受众，知道怎样才能完美地转化和触及受众的诉求，他们能激发受众，与受众产生关联。所以如果品牌想就自己的产品和服务得到有价值的受众想法和构思，那么影响者对它们来说是一个自然且有效的资源。

　　贴士：把你的品牌和一群影响者或创造者匹配起来，他们的声音代表你的目标年轻受众群的想法，他们能鼓舞你想触及的社群，他们对你的品牌或产品怀有真正的热情，最重要的是——他们与你的项目所确定的选择标准相符。

影响力人物—受众合作

　　是什么：一个有影响者引导的调查或构思项目，围绕目标年轻受众群体的特有体验而展开（见图8）。

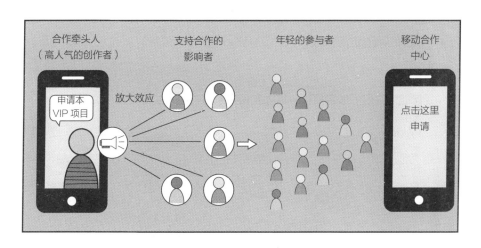

图8　有效的年轻市场调查和构思法案例：影响力人物—受众合作

　　怎么做：影响者让一些你的目标受众参与到有趣且"不像调查"的游戏中来。例如，某个影响者发出行动号召，鼓励受众在定制的登录页面上申请和影响者组团互动的机会，然后根据奖项设置，参与者可能会赢得产品或更私人地与影响者接触的机会。

为什么：组织来的影响者了解你的受众群的想法。他们激励着品牌想得到的受众——那些对品牌或产品是真爱的人，更重要的是那些符合项目的定义标准的人。此外，影响者会让你接触到比通过传统模式确定的更大、更集中的年轻受众样本规模。

贴士：利用影响者的专业性，让他们和品牌一起打造体验，让体验对目标受众来说尽可能真实。这也能淘汰那些"调查投机者"，保证最终的数据和想法都是正当地来自目标受众的。

专家采访　乐高公司高级创意设计师丹·温格

年轻人越来越想融入品牌和产品，关于这一点，没有比乐高更清楚的了。我们想要知道乐高是如何达到年轻人的这一期望的，共同创造对消费者和乐高有什么益处，因此我们直接向丹·温格寻求答案。

您能为我们的读者提供一些您在乐高采用共创方式的背景信息吗？

2011年我们启动乐高创意（LEGO Ideas）——一个众包平台，让用户提交他们的乐高创意，并且让他们的创意有机会成为市场上的产品，且保证其销量。这个平台通过提供渠道为用户创造价值，让用户可以表达有关乐高的创意，分享定制的模型，从他人那里得到启发和反馈，跟一群积木爱好者产生联系，浏览有趣又激动人心的项目。对于一些人来说，他们的创意还可以被转化为乐高的官方产品。

我们在平台上看到各种各样令人激动的方案。很多提交上来的方案是我们在内部研发过程中都想不到的，很多创意没有大家的投票也很难证明其市场可行性。

这对乐高的好处是，我们有了一系列新的高度创新的产品，能够抵达新的消费者群体。通过乐高创意平台发行的产品包括互动式弹珠迷宫、披头士乐队的黄色潜水艇、逼真的小鸟三人组，以及我最爱的航空航天局的女科学家（Women of NASA）。

除了乐高创意平台，我们还有乐高生活平台。这个社交网络让用户分享自己的创意，受其他积木爱好者的启发，安心地与这个群体建立联系；它还以许多互动内容为特色，涵盖的内容很多，从创意挑战到细节琐事。这一平台对于要融入乐高品牌的年纪小的用户（13岁及以下）来说更有趣，能给予他们更多社会体验。除了与用户共同创作，我们还与各种合作伙伴一起开发新产品、娱乐模式和技术。

在乐高创意玩具实验团队内进行共创的目标是什么？你采用了哪些共创的方法？就你的经验来看，哪些方法最有效？

由于我们的核心受众是5～9岁的男孩和女孩，没有一个乐高员工是我们的主要用户。孩子们才是乐高的专家！因此我们的共创目标就是更了解我们的用户：他们的兴趣、动机、痛点、生活方式、互动时的细节及技巧等。和孩子一起合作创造是十分有价值的，它定义了新的商业机会，引领了产品及其特质的发展，最终确定什么是孩子认为有趣和吸引人的东西。过去几年，我用了几种不同的方法，包括上门拜访、非正式玩具会议、正式测试、基础调查、设计构思和精益创业（Lean Startup）。没有哪个方法是比别的方法更有效的，它们都有自己的价值和用处。这取决于项目的阶段、项目类型、项目团队的专业知识和兴趣爱好。就个人来讲，我喜欢建造东西，把想法付诸现实，因此我喜欢精益创业法，它关注快速的、迭代的发展。

刚开始要定义不确定的领域，形成一个假设（或多个假设），然后制造可行条件下最小量的产品，来测试这些重点领域。之后把这个原型带到合创／测试会议上与用户讨论，我们从中收获得到验证的信息，缩小不确定的领域。重复这一环节，其中的洞见会指引方案改进，通往成功的大道。

在乐高工作期间，你的共创角色（或过程）有什么变化吗？

我在乐高工作已经有 10 年了，我见证了许多改变。从我的体会来看，合作创意变得更加集中和频繁。我们带着更加清晰的愿景参与合创会议，在会议中知道我们想要学习到什么（当然，也开放地学习这之外的东西），进行更多更小的测试。

对那些刚启程、正在努力奋斗和想要改进共创方法的品牌，你有什么建议吗？（可以引用你与其他品牌共事的经验）

不要忽略用户的需求。如果你不在你的核心受众群内，记住，你的观点可能跟用户不一致。因此请确保经常和用户举行合创会议，让自己浸入他们的生活方式。不要做一个置身事外的人，要学会与用户共情，想他们所想，做他们所做……当然是指在合适的时候，因为有时候我妻子并不喜欢我表现得像个 8 岁小孩。

──────────── **本章要点** ────────────

•**在行动以前检验你的猜测：忘掉你自以为对年轻人的了解，让他们参与到对问题的解决和研究的构思中来**。在合作中保持透明、真实、关注、尊重，最重要的是倾听和互动。

•**寻找来源可靠的年轻受众：要知道从哪里寻找到合适的人选是最大的挑战之一。**打好基础，建立强大的年轻人招募网络，然后加深你和他们的关系，保持扩大的势头。以我们的建议和经验为你们的起点。

•**发掘未说出的真理：观点和创意常常无法言说。**建立互信，创造有利的环境，让参与者体验不到"调查感"，展现年轻人的真实想法和闪光的创意。

•**围绕经验证过的方法来进行研究与合作。**通过年轻人和流行文化媒体调查、趋势追踪及其他方法来为研究打基础，你的研究要有关联性，针对你的目标受众。在吸引年轻消费者时，探索使用协作性方法，比如年轻人咨询委员会、手机视频及音频调查、社交测试、影响力人物思维分享、影响力人物—受众合作等。

•**吸引对的参与者，获取有质量的回应。**跳出你的思维圈，让你的观察团队用创新的方法收集数据和构思，这会带来有质量的回应和互动。

•**获取有价值的观点和想法，不要让调查被利用了。**避免落入常见的招募和调查陷阱。警惕那些可能让你的调查大打折扣、赚取你的奖励的人。

•**尊重隐私法，在收集年轻人数据的时候要守法。**在面对 13 岁以下的年轻消费者时要知法懂法，要确保你们的互动是遵守相关隐私条例的。

06

年轻人文化参与脚本

很多市场营销人员和机构只会对文化现象作壁上观，然后做出必要的反应，他们觉得只要速度够快就能一击制胜。但是，只有那些找到方法积极促成年轻人文化的品牌才能赢得年轻人的心和钱包——因为他们引发了真正的参与。

亚当·威尔逊（Adam Wilson），

Carhartt 公司前品牌营销总监

什么是脚本？为什么它很重要？

　　"脚本（playbook）"是营销行话（你可能在体育界也听过）。这一章的目的是通过分析让品牌与年轻人相连接并产生互信的关键部分，来编写一个吸引年轻人的战略脚本。好消息是，在前面的篇章中，你已经为编写这个脚本做了大量工作：用与你的品牌相关的"事实（truths）"，找到你的受众，然后学习如何通过研究来获得可行的见解。在这里，我们将集中讨论能吸引年轻消费者的关键部分和策略。

　　总的来说，脚本就是"一个消除不确定性的方法……脚本和脚本中的'剧目'引导（品牌）在高压下做出明智、协调的选择……"市场营销专家、SHIFT Communications的市场营销技术副总裁克里斯托弗·潘（Christopher Penn）在2017年的一篇文章中这样说。当你一步一步地浏览脚本中必不可少的"剧目"（参与策略）时，花点时间去理解你的需求和观众，并构建相关策略，直到你准备好写一个最适合你品牌的脚本。完成后，你的脚本将包含一套独家参与策略，这些策略可以单独使用，也可以被整合进你的整体营销计划以作强化。

把重点放在消费者参与和价值创造上

我们并不是说这个脚本就是你的整个营销策略或计划。脚本是针对提高年轻人参与度的，是向年轻消费者进行营销的重要手段。

要提高参与度，就需要品牌积极地为年轻人的文化做贡献，让年轻人参与到内容、对话和体验中来，而不是把年轻消费者当作被动的信息接收者。从战术的角度来看，参与度包括了消费者与你的品牌的所有互动：点赞、评论、视频播放、分享、用户原创内容（UGC）、融入年轻人的文化、参与品牌活动和其他任何可以直接参与以促进品牌发展的体验。我们专注于参与度，因为只有真正的参与才能让我们与年轻消费者处于同一波段，从而与他们建立起联系，并以此入手提高品牌公信力。当你看完脚本时，问问你自己：你的品牌曾为支持年轻人行动做了什么，以及你的品牌是如何创造价值的。

年轻人参与脚本的组成部分

• **脚本基础：**

—品牌定位

—目标受众

—研究见解

—年轻人咨询委员会

• **商业用例**

• **目标**

• **年轻人参与策略：**

—原创故事

—与有影响力的伙伴合作

—沉浸式体验

如何准备和启动？

在前文中，我们概述了脚本的组成部分：脚本基础、商业用例、目标和三条年轻人参与策略。本节旨在带领你完成前三个部分的组织和开发，确保你的脚本有完整的结构和良好的细节来推动构成剩余部分的参与策略，即最后一部分。

脚本基础

1. 审视你的品牌是否准备好了进攻年轻人市场（输出：品牌自我意识）。

2. 树立你的品牌形象和与年轻人相关的定位（输出：以强烈的品牌意识引导内容叙事）。

3. 在年轻人中找到你的受众（输出：清楚你理想的目标受众）。

4. 利用你的研究结果（输出：基本数据和趋势，包括最佳渠道、共同创作者、影响力伙伴和洞见）。

5. 在针对年轻人活动的研究、规划和评估过程中利用年轻人咨询委员会。

> **不要孤军奋战：年轻人的建议有助于提高参与度**
>
> 我们在第5章讨论过年轻人咨询委员会的好处，而开发脚本是发挥他们作用的最好时机。当你能够让目标受众帮助你有效地确定参与战略的方向时，为什么要孤军奋战呢？第5章的案例研究就讲述了如何成立一个年轻人咨询委员会，以帮助一个全球化妆品品牌制定参与战略制霸行业的故事。

商业用例

有很多不同的用例会因关注年轻人的参与度而受益，我们归纳了一个常见用例列表，用以构建脚本：

- 新产品上市
- 广告活动
- 社会改革倡议
- 获取订阅用户
- 测试营销方案
- 季节性促销
- 公益营销
- 教育项目
- 销售活动

常见的参与目标案例

针对品牌不同的市场定位，以及品牌在年轻消费者眼中的形象，你的年轻人参与目标会有所不同。以下是我们工作中普遍采用的消费者参与目标的一些例子：

- 用极高的产品质量吸引年轻人群

- 在目标年轻人群体中提高品牌认知，增进品牌价值

- 设计针对性极强的年轻人营销活动以激励和驱动客户的购买行为

- 制订一个与年轻人有关的社会改革方案，由全国的志愿者来执行

- 通过直接加强年轻消费者对品牌的认知，来驱动他们对购买、访问等的意愿

- 与受欢迎的内容创作者和意见领袖建立伙伴关系，创造价值，建立社群，展示投资回报率

- 设计和开展能促进销售的年轻人参与活动

- 打造超越年龄和成长阶段的长期品牌忠诚度：随着用户的成长，根基应该越来越稳固

表5将用例和目标结合在一起，向我们展现了它们与特定的年轻群体之间的关系。这项练习将帮助你确保脚本是为特定受众定制的，并确保其重点是提高参与度。

表5　确定用例、目标和预期结果计划工作表

用例	目标	预期结果
1段：7～8岁的儿童		
2段：9～13岁的少年		

续 表

用例	目标	预期结果
3段：14～18 岁的青少年		
混合段：19～24 岁的年轻成人		

核心年轻人参与策略

在这一节中，我们关注提高年轻人参与度的三个核心策略：

- 原创故事

- 与有影响力的伙伴合作

- 沉浸式体验

在深入每一个参与策略的过程中，我们会带你逐步接触相关主题，激发你的品牌创意，让你一边玩游戏，一边通过案例研究获得洞见，最后形成一个全面的计划工作表。本节的目标是，让你有能力开发一个包含有效策略、能提高年轻人参与度的脚本。

策略 1：原创故事

市场营销中重要的不再是你的产品，而是你讲的故事。

塞思·戈丁（Seth Godin），2017

在注意力是最高奖赏的世界里，你的内容必须能激发观众的想象力，吸引他们主动来参与。如果一个品牌的内容没能吸引年轻人，那么这个品牌就失去了讲故事的机会。内容可以像表情包、动图或快照一样简单明快，或者做成有情节的系列视频，但是它们必须通过与年轻人相关的主题／话题、格式和渠道来呈现关键信息。

能引起共鸣的主题和形式：与年轻人同频率

在本节的后半部分，我们将用我们的故事内容评估标准来评测你的故事，但是首先我们要确保你的内容能够有效地到达受众。以下列出了一些受欢迎的内容主题和形式，能够启发你找到最能吸引你的受众的内容呈现方式；将内容与年轻受众最喜欢的主题和形式相结合，就能收获最大的影响力（表6）：

● 主题

—动物

—喜剧

—教育

—粉丝圈

—音乐

—游戏

—美容

—运动

—名人

—玩具

—DIY

● 形式

—长视频（超过 5 分钟）

—短视频（5 分钟以内）

—视频故事（短时长）、视频直播

—照片／图像和滤镜

—播客

—游戏

—GIF（动画／静态图像）

—Boomerang[①]

—表情包

表 6 年轻女孩和男孩最喜欢的视频主题和形式

最喜欢的视频主题				最喜欢的视频形式			
男孩		女孩		男孩		女孩	
游戏	64%	音乐	64%	音乐视频	49%	音乐视频	65%
喜剧	57%	喜剧	63%	长电影	41%	长电影	55%
音乐	50%	美容	58%	视频直播	38%	视频直播	51%
恶搞	40%	DIY	51%	大型电视节目	35%	大型电视节目	51%
运动	22%	美食／烹饪	47%	视频汇编	35%	视频汇编	40%

（来源：AwesomenessTV 的研究）

---

① Boomerang 是 Instagram 推出的一款基础性应用。Boomerang 会在拍照时快速连续拍下十张照片，将其粘贴成一段小视频，并压缩时长，使其不断快速播放。

社交平台

社交平台是年轻人文化参与脚本的关键，它们在内容传递方面具有很大的作用。表7将教你为你的受众安排最佳的社交平台（更多内容请见第7章）。

表7 年轻人群使用的社交平台优先级排序表（生成一个社交平台列表，根据最适合你的品牌和合乎观众需求的内容对这些社交平台进行优先级排序）

初级平台	二级平台	三级平台	理论基础
1段：7～8岁的儿童			
2段：9～13岁的少年			
3段：14～18岁的青少年			
混合段：19～24岁的年轻成人			

在选择使用哪个社交平台来传达内容的时候，先想想年轻人的一天是什么样的，不仅仅是他们喜欢和习惯使用哪些平台，还包括他们一天中在平台上的活跃时段。如果我们希望目标受众参与，那么我们需要在他们使用社交平台的高峰时段在对的平台上发布对的内容。

社交和移动时刻：年轻人生活中的一周

18 岁的企业家杰克·斯柯洛达（Jake Skoloda）描述了他的朋友，16 岁的珍·史密斯（Jen Smith）的一周，揭示了年轻人的社交平台使用习惯。

课间她环顾教室，发现几乎所有同学都在玩智能手机。他们在 Snapchat 上发信息，浏览 Instagram，或者查看他们朋友早些时候在 YouTube 上发的视频。珍和她的朋友一周全天候保持联系，不过他们使用社交媒体的时段肯定还是有高峰和低谷的。

和她在社交媒体上的大多数朋友一样，珍本质上亦在营销自我这一品牌。她知道要想在一个工作日获得最多点赞和评论，就应该在晚上 6 点到 9 点之间发布内容。如果太早了，她的朋友们可能还在参加课外活动；但是如果晚于 9 点，那她的受众可能已经睡了。在周末，她知道她的朋友们很忙，不会经常查看 Instagram 和 YouTube，但他们还是会一直使用 Snapchat。珍和她的朋友们一样，只要醒着，就几乎总在 Snapchat 上聊天，并且在清晨、刚放学和睡觉之前三个时间点达到峰值。她还会找时间登录 Tumblr，两个 Finsta 账户，以及 Musical.ly Songs 上的匿名账户。

测试你的故事

现在，你已经了解内容呈现和发布对于提高受众参与度是多么重要。接下来，我们要带你使用故事内容评估标准，以检查你的内容对年轻人的吸引力。现在就开始检查你的品牌故事、活动主题，以及其他评估项，看看它们是否与年轻人市场相关。

假设你认为有 5 个故事适合你的品牌和年轻受众，但你不能决定选择哪一个，那么你可以通过测试选出最佳方案；或者给它们打分，然后尝试通过添加有价值的元素来增加得分。回头再看看这些问题，以获得关于如何增加更多价值的灵感。

年轻人对故事内容的评价标准：可以从这些问题着手

通过问以下问题来评估你的故事与年轻人的相关性。请用"否""大概是"或"当然是"来回答。（如果答案为"否"，即得 0 分；"大概是"得 1 分；"当然是"得 2 分。如果你的得分超过 20 分，你就是在正确的轨道上。）

1. 你的目标年轻受众尊重你的品牌吗？

2. 你的内容是新的、原创的或有趣的吗？

3. 故事是知识性的，并针对你的目标年轻受众的吗？

4. 你的创意团队是否能够让主题合理合法？

5. 你的故事是否能在目标平台上被有效地讲述？

6. 如果你的目标受众中的一个年轻人分享了你的内容，他是否会被朋友们认为很酷？

7. 你的内容主题或标题是否能吸引年轻人的注意力？

8. 你的品牌故事、内容叙述或沟通是否会给目标受众或能影响他们的人带来美好的回忆？

9. 你的目标受众是否能理解话题并融入其中？

10. 故事或内容是否能被受众以某种方式定制或个性化？

11. 这个故事中包含知名人士或受尊敬的人（如创意人士、意见领袖或名人）吗？

12. 这个故事是否避免了加载时间过长等让受众失去耐心的不利因素？

13. 你的故事是否能以一种让受众捧腹大笑的方式讲述？

---

14. 在体验过你的内容后，年轻消费者会受到鼓舞做得更好，或者实现他梦寐以求的目标吗？

15. 这个故事会以使你的受众想要更多为结局吗？

（来源：改编自 David Perry 有关游戏设计书的游戏上瘾度评估）

◎**热身游戏**

在以下方框中的空白处填入你的品牌信息及迄今为止积累的原创故事，为之后更深入的计划表（表 8）预热。

填词游戏：完成以下填空以完善你的原创内容

我们正在为_____（使用场景）设计一场活动，我们要吸引的目标是_____（目标对象）。

我们想与_____（目标受众）分享一个故事，通过_____（形式／类型）以_____（话题）为主题传达_____（关键信息）。

观众将于_____（最佳时段）在_____（频道／平台／地点）体验这一内容。

我们的目标是吸引_____（目标受众），并激励他们通过_____（参与形式）_____（参加／共同创作／融入）我们的品牌内容。

表 8 开发原创故事策略计划表

题目：想一个好题目
概述：简要描述一下你的内容想法，该内容与你的品牌及目标受众是如何关联的？
用例：该内容能满足何种商业需求？
目标：列出你的关键目标
目标受众：谁是该内容的受众？儿童、少年、青少年，还是年轻的成人？
关键信息：你希望年轻人看了该内容后记住什么关键信息？
主题：这个内容的主题是什么？是否能引起年轻人的共鸣？
内容形式：视频、动画、故事、动图、照片、AR/VR/MR、图形、声音、其他
渠道：YouTube、Instagram、Facebook、Snapchat、Twitter、Twitch、Tumblr、Musical.ly、其他
时间：最佳发布时间或循环时间
参与：年轻人如何参与或与内容进行互动？
成功的因素：把对该项目的成功有至关重要作用的因素和资源列一张详细的清单
预期结果：什么关键绩效指标会被用来追踪及评估该内容的表现和媒体价值？
基础理论：为什么你要做这个内容，而不是其他的？

案例研究　Carhartt WIP——反品牌的故事

它做了什么？

Carhartt WIP 是一个经得起时间考验的服装品牌。虽然你不会看到"街头服饰"（streetwear）这个词出现在它的任何营销材料中，但它可以说是街头时尚风潮的象征。Carhartt WIP 一直坚守它的初心——坚固耐用、合作、生存和友谊，从创立之初到现在，其粉丝群体依然忠实。除了服装，Carhartt WIP 还拥有一个室内音乐品牌，在瑞士的巴塞尔举办过欧洲滑板锦标赛，甚至组建了一支 Carhartt 滑冰队，都凭自身的实力取得了成功。

为什么它成功了？

Carhartt WIP 拒绝跟风，对抗标签化，它始终通过与目标受众相关的渠道讲述它的故事。它以缓慢却稳定的节奏扩大品牌影响力，并将自己的故事无缝编织到各种相关的合作、活动和产品中，而不是简单地讲述。从 YouTube 和电影纪录片，到 Carhartt WIP 电台（以 DJ、艺术家和来自 Carhartt 内部的评论为特色），它能够以与品牌消费者相关的方式分享它的故事。Carhartt WIP 不断与音乐家、艺术家和运动员们合作，这将为它继续吸引来新的品牌追随者。

策略 2：与有影响力的伙伴合作

品牌们开始抛弃"一次性"（one-off）的活动，转而选择与创作者建立长期合作关系。一次性的宣传活动已经被证明毫无效果，对建立品牌忠诚度没有帮助。品牌应该与创作者合作，把他们变成品牌大使。一旦他们成为品牌大使，他们的粉丝也会成为品牌的粉丝。

查理·布文（Charlie Buffin），MC 项目和人才管理公司的联合创始人；

布伦特·里维拉（Brent Rivera），YouTube"网红"

与有影响力的伙伴的合作（也称为影响力或影响者营销）即便到现在还是与它刚诞生时同样有效。它起源于运动服装公司赞助运动员并让其担任品牌大使。第一个受赞助的运动员是霍鲁斯·瓦格纳（Honus Wagner，前美国匹兹堡海盗棒球队棒球明星），当时是 1905 年。然而，体育市场竞争激烈，运动员们与品牌签署的都是独家合同，这就迫使品牌们将目光投向体育之外的其他领域，以其他的赞助方式影响受众。这使得音乐家成为新的热门赞助对象，标志性事件是 1986 年 Run-D.M.C[①] 与阿迪达斯的历史性合作。

从那时起，企业赞助艺术家和个人的模式就以闪电般的速度发展起来，直到涵盖了所有文化类型，赞助对象包括街头艺术家、设计师、游戏玩家等。现在，有影响力的流行文化人物已经与品牌建立并规范了互利伙伴关系。随着技术的进步和社交媒体的快速发展，在社交平台上发现具有强大影响力的个人变得越来越容易。影响力营销已经蔓延到高度竞争的领域，这个领域向任何愿意建立关系、投入工作的人开放。

什么是影响力合作伙伴？

有影响力的人有助于深化品牌与消费者之间的联系，所以与有影响力的人士合作始终是营销的一种重要形式。有强大影响力的人太多了，我们没办法一一列举。但是，我们可以列出这些人的共同特征：

---

① Run-D.M.C 是美国著名黑人说唱乐队，东海岸嘻哈的代表，是首支打进 Billboard 流行专辑榜前 10 名的说唱乐团。主要作品有"It's Like That""Crown Royal"等。——译者注

- 他们是其所处领域的领导者；

- 他们是其特长领域的专家或人才；

- 他们是年轻人社群的一员；

- 他们是原创内容的生产者。

这些有影响力的人能让那些通常不关注某个特定品牌的受众关注与其相关的品牌，从而给品牌提供接触未开发受众的机会。社交媒体和数字媒体的复合效应为这种模式锦上添花，让这些人的影响力能够传达到更远的地方。最厉害的影响者和内容创作者是那些能够推动受众采取行动的人。影响者有两种，一种致力于扩大影响范围，另一种擅长开发或创建内容。两类影响者截然不同，但可以互相转化。

与这些有才华的人结成联盟的品牌能够利用影响者已经花时间建立起来的有价值的、长期的关系。如果你的品牌和产品能与影响者的内容很好地结合，他就能帮你的品牌建立信誉。反过来，品牌也要信任影响力合作伙伴，允许他们以符合自己风格和受众风格的方式发布内容。无论是通过直播、视频还是语音，内容都是以第一人称和影响者自己的方式讲述的，从而拥有其他营销形式所缺乏的可信度。

影响力伙伴的作用

影响力营销的强大有目共睹。影响者和创作者不仅能创造高曝光率的、受欢迎的原创内容，而且能通过提供熟悉的、可信赖的面孔，给品牌注入更多人性化色彩。下面你将看到，在做了 10 多年的品牌宣传项目之后，我们发现的影响力营销的关键作用：

● 影响者只会选择符合其精神和生活方式的品牌来合作，以此为品牌建立公信力。

● 影响者往往也是品牌受众。影响力营销如果做得好，则能反映出品牌受众的真实需求。

● 因为影响者存在于品牌的受众之中，所以他们可以直接与目标受众进行互动和对话。

● 影响者是唯一负责创造（或策划）内容的人，可以增强粉丝对内容的信任感。

基于类型、流派和互动形式的人才选择

我们将自己与影响力人物的合作关系视为长期投资，这种投资可以扩大和增强品牌的个性……关键在于，要将你的品牌与符合标准的艺人绑定在一起。

西蒙·哈克（Simon Huck），Command 娱乐集团负责人

影响者或创作者的价值在于他们能够以真实的、与文化相关的方式为品牌赢得关注。他们的粉丝数量表明了他们的潜在影响力，而实际参与互动的粉丝数是更准确地衡量影响力的指标。快速浏览或留下印象根本无法与评论和分享相比。随便找一个影响者或创作者是没有意义的，品牌需要找到真正有影响力的人，能够确保品牌充分曝光的人，以及能提供与品牌的受众相关的内容的创作者。

人才分类：类型与流派

对于市场营销人员来说，最具挑战性的任务之一是找到有才华的影响者和创作者。下面是我们用来描述前文提到的"有强大影响力的人"的主要类型和流派。类型是根据影响者的地位或功能进行分类的，流派则是基于他们的兴趣、焦点或才能进行划分。你要根据你的品牌、受众和项目来创建自己的影响者和创作者名单。

- **类型**

—偶像

—名人

—先驱者

—艺人

—业内人士

—教育者

—专家

- **流派**

—游戏

—美容

—运动

—时尚

—音乐

—表演艺术

—健身

—美食

—艺术

—喜剧

人才分类

很难在横跨各个行业的影响者中找到一个统一的分类系统。问 10 个营销人员他们如何将影响者分类,你会得到 10 个不同的答案。以下是当前一些不同的分类方法:

- 微型影响者、影响者、超级影响者;
- 微型影响者、中型影响者、巨型影响者;
- 影响者、名人影响者。

不管我们如何给这些个体贴标签,重要的是通过你能测量的方式来识别他们。我们根据粉丝量和平均参与度把他们分成四个层级。当人们说"影响力范围"时,通常指的是粉丝的数量。但我们认为,更好的分类方法是以互动数量为标准的,我们相信这是衡量潜在的品牌参与价值的最准确的指标。例如,如果一个影响者有 120 万粉丝,但是平均每次互动数不足 100,那么他就不如一个只有 30 万粉丝但平均每次有 200+ 高质量互动的影响者。

按粉丝规模划分人才等级

这是一种较老的方法,仅根据粉丝的数量来组织人才、划分层级:

A 级:100 万 +

B 级:50 万~100 万

C 级:10 万~50 万

D 级：1 万～ 10 万

按互动次数划分人才等级

至少在写这本书的时候，组织人才、划分层级的最有效的方法是观察每个社交媒体帖子的平均互动次数（比如评论、分享或回复）：

A 级：每个帖子 15 万～ 100 万

B 级：每个帖子 2.5 万～ 15 万

C 级：每个帖子 5000 ～ 2.5 万

D 级：每个帖子 1000 ～ 5000

衡量影响力大小时，千万不要只看"印象（impression）"。印象不会让你知道到底是谁在关注，是谁让人产生了这种印象，受众花了多少时间来了解内容。只有当受众与内容互动时，你才知道他们在参与。记住，大量参与度低的粉丝给品牌提供的红利很有限。参与（分享、评论、提问、反馈）才代表着真正的价值。

当我们基于互动次数来选择影响者时，建议选择那些与我们的品牌匹配的影响者。他们应该能够同时对粉丝及合作品牌保持忠诚和正直，他们会基于共同利益而不仅仅是为了金钱来选择合作伙伴，他们的粉丝是我们目标受众的代表或组成部分。对于特定的品牌、用例及目标受众，选择影响力合作伙伴这一过程都是十分个性化的，不存在放之四海而皆准的方法。通过利用工作表，你会走上正确的战略道路。

● **战略伙伴关系法**

赠送产品

当一个品牌接触到一个适合结盟的影响者时，可以向他们免费赠送产品，目的是鼓励影响者自发地在社交媒体上谈论这个产品，以增加品牌的曝光度。（注意：我们认为这是建立品牌与影响者的关系的最有效方法。）

● 利

—成本低、准入壁垒低；

—给品牌提供了一个风险很低的评估真正的品牌契合度的方法。

● 弊

—不能保证曝光率；

—影响者对品牌和产品的理解很有限。

持续赠送

当品牌向影响者或创作者持续赠送商品时，即默认会有互惠性质的曝光。相比一次性的赠送方式，这通常需要持续比较长的时间。

● 利

—这对于"种子"产品或服务十分有效；

—可以作为品牌建立真实关系的起点。

● 弊

—耗时长，需要持续的承诺；

—品牌通常需要一定数量的影响者或创作者才能产生效果。

赞助项目

与一个或多个影响者签订合同，邀他们参与短期项目。

● 利

—由于是短期项目，对影响者、创作者或品牌来说都没有长期承诺的束缚，因此可以大胆测试合作效果；

—是品牌与那些有天赋的人或流量明星建立关系的大好机会。

● 弊

—如果与影响者的合作持续性不足或者频率不足，可能就不会产生理想的结果（与投资不足的媒体曝光类似）；

—由于要支付影响者和产品的费用，通常会增加财政支出。

影响力计划

品牌和多位优选的影响者签约，建立长期的合作关系。如果再结合"持续赠送"方案，成功率会更高。

● 利

—将内容的发布规模化，可以有效提高参与度；

—有机会参与影响者或创作者参加的其他活动，这些活动会创造额外的价值。

● 弊

—需要更大的投资；

—需要长期的承诺以保证有效，必须把影响者长期性地融进品牌故事。

◎**热身游戏**

在以下方框中的空白处填入有关影响力伙伴合作方案的信息，为之后更深入的工作表（表9）预热。

填词游戏：完成以下填空以考察影响力伙伴合作方案的可行性

我们为_____（用例）开发了一个影响者计划，我们的目标是_____（目标对象）。

我们把影响者作为_____（影响力营销角色），尤其是在_____（流派）领域知名的_____（类型）人士。

影响者的影响力需达到_____（平均每个帖子的互动次数），我们会根据他们的_____（等级）层级和契合度进行选择。

我们将以_____（结成战术伙伴关系的方法）的方式善用影响者的才能。

表9 制定影响力伙伴合作方案以引起年轻人的共鸣工作表

题目：想一个好题目
概述：简要描述一下你的内容想法，该内容与你的品牌及目标受众是如何关联的？
用例：该内容能满足何种商业需求？
目标：列出你的关键目标
目标受众：谁是该内容的受众？儿童、少年、青少年，还是年轻的成人？

续 表

关键信息：你希望年轻人看了该内容后记住什么关键信息？
主题：这个内容的主题是什么？是否能引起年轻人的共鸣？
内容形式：视频、动画、故事、动图、照片、AR/VR/MR、图形、声音、其他
渠道：YouTube、Instagram、Facebook、Snapchat、Twitter、Twitch、Tumblr、Musical.ly、其他
类型和流派（才能／兴趣）：识别与你的受众相契合的兴趣点或流派，列出目标群体清单
选择人才（按照层级）：找到与你的品牌相匹配且符合特定标准的人才
内容及分发：你的影响者或创作者伙伴需要负责活动的哪些方面？
结成战术伙伴关系的方法：你如何构建伙伴关系？赠送产品、持续赠送产品、赞助项目、影响力计划、其他
参与：年轻人如何参与或与内容进行互动？
成功的因素：把对该项目的成功有至关重要作用的因素和资源列为一张详细的清单
预期结果：什么关键绩效指标会被用来追踪及评估该内容的表现和媒体价值？
基础理论：为什么要与这些创作者和影响者合作，而不是其他人？

案例研究　Glossier

它做了什么？

Glossier 是一个美容品牌，它的影响力营销方法十分特别。Glossier 没有采用大型美容品牌通常使用的名人代言，而是选择与作为品牌支持者的顾客，以及影响者和创作者建立关系。它充分利用其忠实粉丝来为它的新产品造势，在新产品上市之前，向影响者和忠实消费者赠送试用装，让他们在社交媒体上发起推荐。

为什么它成功了？

通过直接访问受众，并将他们看作独立的个体来郑重对待，Glossier 收获了很多有价值的评论与反馈，这些内容承载了真实客户的真实声音。这反过来又引发了对品牌的造势和对消费者的刺激，也奖励了那些信任品牌的顾客，产生了持续的品牌宣传效应，不断吸引想要体验该品牌的新客户。

策略3：沉浸式体验

每个品牌都希望与客户建立情感联系。我们的品牌使命是激发探索性的生活，所以我们觉得，虚拟现实（VR）是一个伟大的工具，能强化我们故事的讲述，用技术手段让客户有身临其境的体验。

埃里克·奥利弗（Eric Oliver），The North Face 数字营销总监

在当今数字世界，我们与现实生活中的社区联系变少了，更多地参与到社交媒体和数字技术构建的虚拟社区中。随着每一种新应用、新设备和新技

术的出现，数字的优势不断增强，而现实生活中的人的社交互动则不断减少。技术的确助长了这一状况的发展，但也提供了无限种方法来改变它。社交媒体和新兴技术，如 AR、VR 和 MR 正在将实况体验与数字虚拟体验合二为一，而不是取代现实生活。

诸如耐克、孩之宝（Hasbro）、Niantic（游戏开发商）、雅诗兰黛、讴歌（Acura，本田旗下子品牌）等品牌已经开始开发革命性的体验，这些体验正在模糊现实世界和数字世界的边界。

讴歌（Acura）已经开始使用增强现实头盔（AR helmets），将图形层叠到实际地形上，使驾驶者在有限的路程中也能享受挑战。整个驾驶过程会通过社交媒体实况转播。雅诗兰黛采用了一款名叫唇彩艺术家（Lip Artist）的程序，用户可以上传自己的照片，程序会根据照片推荐一款唇膏，这样用户就能看到唇膏的使用效果了。粉底液是雅诗兰黛使用这款应用的下一个对象。耐克的合作策略将在后文的案例研究中详细介绍。被动的数字体验正被互动体验所取代，这将把消费者的参与度提升到新的水平。

随着新兴科技不断融入日常生活，年轻人会希望在生活的各个方面进行更深入、更丰富的交流。这意味着要把五种感官都调动起来，品牌会以前所未有的方式将自己及产品带入年轻人的生活。那么，沉浸式体验主要是由什么组成的？要如何创造沉浸式体验才能使品牌融入消费者的生活？以下内容能启发你开始创造沉浸式体验。

沉浸式体验的设计思路

• 体验类型

—产品投放

—"快闪"店

—音乐会 / 音乐节

—电子竞技比赛

—体育赛事

—粉丝大会

—现场表演

—开幕式

—筹款活动

—购物 / 零售

• **地点**

—城市空间

—零售店

—电影院

—家

—购物中心

—音乐会场地

—体育场

—主题公园

—学校活动点

—公园和海滩

- **相关时间**

—学期内

—舞会季

—运动季

—春假

—法定假日

—促销时段

—倒计时或限时活动

- **下一代技术**

—语音人工智能（人工智能）

—增强现实（AR）

—虚拟现实（VR）

—混合现实（MR）

—聊天机器人

—智能眼镜

—无人机

—多媒体活动摊位

—交互式媒体墙

—光雕投影

- **参与性活动**

—团队挑战活动

—交互式艺术装置

—竞赛

—拍照／自拍

—产品演示

—游戏

◎ **热身游戏**

结合你的沉浸式体验策略在以下方框中填空，以创建一个真实的沉浸式体验，为之后更深入的工作表预热（表10）。

<table>
<tr><td align="center">**填词游戏：完成以下填空以练习创建沉浸式体验**</td></tr>
<tr><td>

对于这个新的_____（用例），关键目标包括_____（目标对象）。

要抓住这些目标对象，我们计划在_____（时间）在_____（地点）和_____（社交平台）创造一个_____（沉浸式的体验）。

每次体验都会通过整合_____（新科技类型）等各种技术的特点，将真实世界和数字内容融合在一起。

年轻人可以通过_____（参与性活动）尽情参与到体验中来。

</td></tr>
</table>

表10 能引起年轻受众共鸣的沉浸式体验策略工作表

题目：想一个好题目
概述：简要描述一下你的内容想法，该内容与你的品牌及目标受众是如何关联的？

续　表

用例：该内容能满足何种商业需求？
目标：列出你的关键目标
目标受众：谁是该内容的受众？儿童、少年、青少年，还是年轻的成人？
体验类型：产品投放、"快闪"店、音乐会／音乐节、电子竞技比赛、体育赛事、粉丝大会、现场表演、开幕式、筹款活动、购物／零售、其他
地点：城市空间、零售店、电影院、家、购物中心、音乐会场地、体育场、主题公园、学校活动点、公园和海滩、其他
相关时间：学期内、舞会季、运动季、春假、法定假日、促销时段、倒计时或限时活动、其他
下一代技术：你会使用什么类型的技术来强化受众的体验？AR、VR、MR、流媒体、其他
参与性活动：如何让无法来到现场的人们也能体验？你的活动标签是什么？你的受众社群是否能在线上线下参与这场活动？
品牌在活动中开发的内容：你的团队在活动期间创作的内容可以用于讲述品牌故事
利用用户原创内容的策略：由参与活动的人原创的内容被你重新定位用以讲述品牌故事
成功的因素：把对该项目的成功有至关重要作用的因素和资源列为一张详细的清单
预期结果：什么关键绩效指标会被用来追踪及评估该内容的表现和媒体价值？
基础理论：为什么要设计这种沉浸式体验，而不是其他？

案例研究　23 秒售罄！

"这是耐克试图达到的终极体验目标，它直接针对消费者——针对实际消费者，而不是机器人——且当日送达，"内廷卡（Hnetinka）说，"二维码引入了一种新的商业模式。"

它做了什么？

耐克的子品牌乔丹与 Snapchat、Shopify[①]、Darkstore[②] 及 R/GA[③] 进行了一次独特的合作，庆祝乔丹著名的全明星扣篮大赛 30 周年，以及第三代 Air Jordan "Tinker" 的预发售。合作的目的是让 2018 年 NBA 全明星赛的观众使用一个"3D 增强现实的'A/R 乔丹'Snapchat 滤镜"（只能在比赛前在洛杉矶的三个地点获得），在手机上看乔丹从罚球线起跳扣篮的传奇一幕。如果这样还意犹未尽，那么参加者可以扫描一个二维码，获得一次限时专享的机会——在 15～20 秒内抢购预发售的 Tinker，购买成功后，球鞋会在当天晚些时候送达买家手中。最终，所有鞋子在 23 秒内销售一空。

为什么它成功了？

这一与消费者合作完成的活动创造了前所未有的消费狂热，消费者享受到一种独占感的同时，也生发出一种与耐克粉丝社群相关联的感觉。它让购物和社交无缝链接，弥合了两者之间的鸿沟，将它们整合进一次体验。为了

① Shopify 是一个电子商务软件开发商，用户支付一定费用即可在平台上用各种主题/模板建立自己的网上商店。——译者注
② Darkstore 是一家为第三方电商品牌提供即时物流服务的初创公司。——译者注
③ R/GA 是一家总部位于纽约的国际广告代理公司。——译者注

避免与消费者的摩擦，当日发货和一切在 App 上完成让消费者觉得整个过程既有趣又简单，而且能即刻被满足。

你的参与脚本应该能帮助你进行战略性思考，让你的团队集中精力，让每个团队成员都做好采取行动的准备，所以一旦脚本完成，不要忘记把脚本带到计划会议中进行讨论。不要让你的脚本白白在桌上积灰尘。我们经常看到一些品牌因为耽于安逸而不再使用他们的营销脚本，从而"绕了很多远路"。接下来的内容将更深入地探讨有关内容创建、社交参与等各个方面的战术细节。

──────── 本章要点 ────────

- 一个有效的年轻人文化参与脚本必须强调三个核心策略：原创故事、与有影响力的人合作及沉浸式体验。在读完这一章之后，你应该已经有了明确的方向去实施参与策略和品牌策略。

- **将重点放在年轻人参与度和价值创造上，而不是单纯地推送信息。**关注真实的互动，了解年轻消费者的特点，与他们保持一样的频率，并建立起关系，让他们逐渐对品牌产生信任。也就是说，要积极地为年轻人文化做贡献，让年轻人参与到品牌内容、对话和体验中来，而不是把他们当作被动的信息接收者。

- **原创故事：在注意力是最高奖赏的世界里，你的内容必须要能激发观众的想象力，吸引他们主动来看。**内容可以像表情包、动图或快照一样简单明快，或者做成有情节的视频，但是它们必须通过与年轻人相关的主题、形式和渠道来呈现关键信息。营销不仅仅关乎你做了什么，更关乎你讲的故事。

- **与有影响力的人合作：**找到真正的创作者和影响者，他们能和你所追求的年轻受众交谈并促使他们行动。你应该成为创作者和影响者社群中的一员，但是当涉及内容和分发时，要让他们在你的引导下行动。

- **沉浸式体验：**这是数字世界与现实世界交界的地方。沉浸式体验对品牌和消费者之间的关系很重要。今天的新兴技术把体验上升到了更高的层次，开始探索体验和想象力的极限。

07

社交战略和战术考量

社交媒体代表着通信领域的发展，就像互联网和移动设备一样。工具还会改变，平台还会发展，但是人们通过数字网络和电子设备与他人交流的方式已经由于社交媒体的发展而从根本上改变了。

奥利维尔·布兰查德（Olivier Blanchard），
Futurum Research + Analysis 高级分析师

追踪年轻消费者

　　很显然，社交媒体是年轻人生活中不可或缺的部分，因此你必须首先进一步打磨你的社交、数字化和影响力策略。品牌不仅需要有能够随时响应的网站，还要加强影响力。我来具体解释一下。2015 年，杂志《视相》（*Variety*）的记者苏珊·奥特（Susanne Ault）报道的一项研究发现，年轻人对 YouTube 明星泰勒·奥克利（Tyler Oakley）和 PewDiePie 的情感依恋程度比他们对传统明星塞斯·罗根（Seth Rogen）或詹妮弗·劳伦斯（Jennifer Lawrence）的依恋程度高 7 倍！奥特发现，青少年认为 YouTube 明星比主流明星的吸引力高 17 倍，不同凡响的程度高 11 倍。此外，Twitter 2016 年的研究发现，数字影响者的影响力几乎和朋友、家人一样大。

　　这使我们意识到，有正确的社交媒体策略非常重要。如果我们利用每个社交、数字和直播流媒体平台，发布一些能吸引年轻人的尖锐而真实的内容，我们就有机会在喧哗声中脱颖而出。这里的关键是抛弃平庸的旧式营销，以社交平台和移动平台为渠道，鼓励、吸引受众，提高受众参与度。

把每个数字平台想象成一个由品牌专家、影响者和社群共同创造的互动式移动门户。作为内容创造者，影响者已经在年轻人中积累了大量的粉丝、订阅用户及信誉度。他们通过向社交和数字平台提供与媒体精准匹配的内容来实现这一点。与这些创作者合作，你就能大步向前，为年轻受众创造真实的体验。

了解社交媒体上不成文的规定

当谈到社交媒体时，父母经常告诫他们的孩子："在发帖之前要想一想。"这一点对品牌也同样适用。你知道并遵守年轻人在社交媒体参与中那些不成文的规定吗？如果答案是否定的，那么是时候开始学习了。像生活中的大多数事情一样，社交媒体也存在文化规范。以下是我们从合作的年轻人客户那里学到的：当一个朋友或品牌发布太多图片、营销信息或更新过于频繁时，就不酷了。发布过多照片会被认为是吹嘘或炫耀，这违反了这代人强调包容和拒绝浮夸的原则。

另一个需要注意的是，年轻人喜欢在社交媒体上强化性别角色。研究人员德沃拉·海特纳（Devorah Heitner）在《纽约时报》上的文章中指出：许多 10 多岁的男孩表示在发布照片时会使用滤镜把自己变得更有男性魅力；年轻女孩则告诉海特纳，在社交媒体上，她们总是在"可爱"和"性感"之间找平衡，压力很大。对于男孩和女孩来说，他们对自身的形象有着敏锐的意识，不想因外表蒙羞。

我们建议与我们合作的品牌利用社交媒体为年轻人制造一些"惊喜（seeded serendipity）"，让他们感觉"发现"了一个很酷的内容，然后通过社交平台与他们的朋友分享，因此在他们的社群内积累社会资本。考虑到社交平台（如 Hello、MySpace）的兴衰，我们的焦点是如何利用社交平台来与消费者连接，而不针对某个特定的平台。

融入社交媒体

以下是一些在使用社交平台及数字媒体将品牌与年轻受众建立起联系时要考虑的关键战略方法：

• 在所有社交平台上保持一致的品牌声音和调性很重要；

• 关注社交互动，把粉丝视为朋友，与粉丝社群分享体验；

• 选择并维护一个个性化链接——你独有的网页或社交账号以代表你的品牌，甚至在你不打算使用的社交平台上也要有；

• 创建具有启发性、相关性和分享价值的内容，年轻人才会把它分享给朋友，并且鼓动圈内的人。

与影响力伙伴合作的战术考量

我觉得每个人，不管你只有一个粉丝还是有一百万个粉丝，都可能对人们产生正面或负面的影响。

泰勒·奥克利（Tyler Oakley），YouTube 明星、作家和意见领袖

注意：影响力营销不是一个应急方案

了解在哪些平台上你的受众活跃度最高是面向年轻人的品牌所面临的重大挑战之一。虽然如今 YouTube、Facebook、Snapchat 和 Instagram 等平台仍然是主流平台，但一些新兴平台（如 Twitch、YouNow 和 Kik）及其他社交媒体、直播流媒体和短信平台也应被视为影响力营销策略实施平台的一部分。年轻消费者很欣赏并想参与那些处于前沿的品牌。另外，尽早介入媒体平台将提高你的可信度，这是建立品牌相关性的长期投资。

常见的误区是认为影响力营销会在短时间内增加你的社交媒体关注度和受众参与度。你的品牌可能会经历一波热捧，但要获得长期拥护者则需要以

缓慢和稳定的步伐发展。有影响力的人为品牌打开了大门，但他们不能保证你的品牌会立即被受众接受。

焦点人物：布兰登·哈维（Branden Harvey）

从《Seventeen》[1] 到 Mashable[2] 和《福布斯》，布兰登·哈维通过摄影、Instagram、Snapchat、Twitter 和其他社交媒体工具讲述故事，与粉丝分享美好的事物。他在 Instagram 上的题注和照片被《财富》杂志、Mashable 和《时尚先生》(Esquire) 争相报道，并两次获得年度 Snapchat 短片奖的提名。布兰登利用自己作为社交媒体说书人和影响者的角色，帮助迪士尼、Square[3]、西南航空、（RED）[4]、联合国儿童基金会（UNICEF）、美国运通、美国大学理事会和可口可乐等品牌讲述品牌故事。

2017 年，布兰登推出了 Sounds Good 播客、Goodnewsletter 和 Goodnewspaper——这是一份实体季刊（证明印刷媒体还活着！）以扩大他的媒体足迹，并传播优质的讯息。布兰登已经积累了超过 10 万 Instagram 粉丝和 1.1 万 Twitter 粉丝，并且仍然是 Snapchat 上最具影响力和最受欢迎的说书人之一。作为一个有影响力的人，他利用社交媒体和他的名声积极地影响他人。

---

① 《Seventeen》是日本集英社发售的女性时尚杂志，非常受欢迎。——译者注
② Mashable 是一个互联网新闻博客，是世界上访问量最大的博客之一。——译者注
③ Square 是一家美国移动支付公司。——译者注
④ （RED）是一家旨在帮助非洲人防治艾滋病的全球基金会。——译者注

影响者和创作者：法律问题

在影响力营销诞生初期，关于影响者为品牌背书是否合规几乎没有任何法律说明，也没有监管。通常，能显示是商业赞助的唯一标志是一个"#"标签（# 合作、# 特供、# 赞助、# 大使），并且这些标签常常深埋在帖子的内容中，很难被发现。

2017 年夏天，美国联邦贸易委员会（FTC）开始对影响者、品牌和营销人员进行监管以加强背书的合规性，要求社交媒体中的业务关系更加透明。社交媒体背书披露原则中一个根本性的变化是，联邦贸易委员会现在要求影响者、营销人员和品牌严格遵守法规。

美国联邦贸易委员会有关社交媒体影响者推荐的规定

• 美国联邦贸易委员会要求，影响者在社交媒体上为某品牌代言时，如果没有明确披露自己与品牌的付费合作关系，那么将由影响者个人承担法律责任。

• 作为雇佣方，品牌必须确保影响者遵守美国联邦贸易委员会现行的指导方针，并告知他们有义务披露与品牌的关系，并监督你的品牌。如果他们未能遵守，你要确保能提供你努力让他们遵守规定的记录。

• 影响者必须明确表明他们是有偿代言。这可以通过照片水印或者使用 # 标签（如 # 广告、# 赞助）来表明。模棱两可的标签，如 # 感谢、# 大使、# 合作，不再被算作充分披露。

• 在照片中标明一个品牌现在也被认为是一种背书，因此，品牌、影响者和营销人员必须清楚地指出代言人和品牌之间的关系。

> • 不要依赖 Instagram、Snapchat 或 YouTube 自带的披露工具，不要想当然地认为使用这些工具披露品牌就符合要求了。

　　如果你决定与影响者合作，那么找一个与你的品牌价值观一致，对合作关系感兴趣，并努力遵守所有相关法律法规的人非常重要。这意味着，即使你是一个澳大利亚品牌，如果想在美国向年轻人营销，你也必须遵守美国联邦贸易委员会的社交媒体影响者指导方针。

　　2018 年，欧盟和澳大利亚政府均没有就影响者出台相关指导政策。因此，在你与社交媒体影响者打交道之前，要搞清楚你的营销目标国家的法律法规。此外，影响者还要遵守有关网络隐私和数据采集的法律，包括美国《儿童网络隐私保护法》(COPPA) 和欧盟的《通用数据保护条例》(GDPR)。在第 9 章中，我们将深入了解《儿童网络隐私保护法》、澳大利亚的隐私条例及欧盟《通用数据保护条例》的具体要求。

新兴的社交和数字媒体

直播流媒体

虽然年龄较大的一代人可能会选择 Facebook Live、Periscope、Instagram Live、YouTube 和 Twitch 来观看直播节目，但年轻人有自己的流媒体应用系统，在那里他们可以与朋友、名人互动，或在在线游戏视频直播中交流。YouNow 是极受欢迎的流媒体直播移动 App 之一，据报道，用户每天花在这个应用上的时间超过 30 分钟，活跃用户超过 70%（2017 年数据）。任何一个拥有智能手机的人都可以立即登录 YouNow，通过短信和动画图标进行交流，并交换可以兑换成现金的或真实或虚拟的礼物。

那么，为什么 YouNow、Live.ly（Musical.ly 旗下应用）、YouTube、Houseparty[①]、Facebook Live 或 Twitch 这些流媒体直播平台如此受欢迎？最大的原因是这一代人重视即时的满足感和真实性，这些直播流媒体移动应用为他们提供了一个让他们自在分享生活、表达自我、与同龄人交流的地方。

---

① 一款群聊视频应用。

选择举办直播活动的品牌应该在打开相机前准备好一套明确的内容审核和在线安全协议。与任何社交媒体活动一样,在直播活动中,也有很多"钓鱼行为"和粗野行为需要应对。

游戏化

一个强大的社交参与策略会将游戏化元素整合进营销、社交媒体、社群和其他数字品牌体验中,以提高参与度。游戏化是一个术语,用来描述游戏设计原则(点数、级别、分享、奖励)的应用,以推动社群参与,增强影响力,实现营销目标,建立品牌意识。

作为一种营销策略,游戏化之所以有效,是因为它引入了趣味和竞争等积极元素,将营销从枯燥和被动的体验中解放出来,将其转化为一种包容性的活动,让任何品牌发烧友都能参与其中。游戏化还会赋予你创造互动的机会,帮助你赢得社群的信任,与社群建立真实的情感联系。游戏化现在几乎广泛应用于所有行业,从娱乐业到银行业再到医疗保健业。例如,Penny 是一款个人理财 App,会跟踪用户的消费习惯;Fitbit 用游戏化的手段,通过社交媒体认同、设立目标和游戏机制帮助社群成员实现健康目标。

Vine[①] 的创始人开发的 HQ Trivia 利用各种游戏化手段来吸引用户,同时树立品牌形象。HQ 不同于其他手机游戏的地方在于,它让人们重温观看电视游戏节目的体验——玩家大声喊出答案,赢得实实在在的奖金,唯一不同的是,现在这一切都发生在移动设备上。

以下是 HQ Trivia 的运作流程:游戏每天现场直播(美国东部时间下午 3

---

① Vine 是微软公司开发的基于地理位置的 SNS 系统,类似于 Twitter 服务。2012 年 10 月 10 日被 Twitter 收购。——译者注

点和 9 点），主持人会问 12 个问题，玩家实时回答这些问题。游戏机制很简单（社交媒体验证、排行榜和奖励）。如果你回答正确，就会进入下一个问题；如果回答错误，就会立刻出局。比赛结束时，胜利者们分得奖金。如果没有人获胜，奖金就会累积到下一场比赛，直到有赢家产生。HQ 之所以取得成功，是因为它将游戏化与一个随时都能接触到的屏幕（智能手机）结合在一起，通过它来分享体验、推广内容、获得收益。

增强现实和虚拟现实

随着新媒体形式（AR、VR、MR）的成熟，它们的身影随处可见。iPhone 和触摸屏伴随着"90 后"长大，而更新的一代在成长过程中则沉浸在 MR 的体验中。这些是新的营销平台，提供了静态媒体无法与之匹敌的独特的参与方式。从品牌的角度来看，AR 提供了更高的可信度、更好的互动和可量化的投资回报。包括苹果、谷歌和亚马逊在内的所有主要科技品牌都敏锐地意识到了 AR 的威力，并投入开发相关软件，这些软件将成为未来品牌吸引消费者的基础工具。

乔什·哈辛（Josh Hassin），Lookit AR（一个增强现实平台）CEO

将增强现实用于广告能让品牌更灵活地发挥创造力，同时触及不同年龄层的消费者。试想一下，一个青少年可以使用智能手机上的 AR 功能与杂志上的平面广告进行互动，而同时他的祖父母也可以读这本杂志上的文章或广告。再想象一下，如果年轻人用手机扫一下书就能解锁视频、音频或观看 3D 的限量版商品，那该有多酷？或者用 Facebook 相机的 AR 功能，从嵌入演唱会门票的媒体中解锁独家内容、音乐和视频，多么令人向往！随着 AR 越来越容易使用，生产成本越来越低，这一应用的大规模推广正在成为现实。

精灵宝可梦（PokémonGO）是有史以来下载次数最多的 AR 应用程序。它让数百万年轻人从沙发上站起来，到宝可梦驿站（PokéStops）、宝可梦火车（PokéTrains）、宝可梦道馆（PokéGyms）去捕捉精灵。甚至像星巴克这样的品牌也利用精灵宝可梦的热度，为顾客提供宝可梦口味的星冰乐来推动销售。其他精明的品牌，如 Cinnabon[①] 和百思买（BestBuy），让它们的门店成为宝可梦的站点，还把精灵球（Pokéball）放在游戏地图上，便于玩家注意到它们的位置，从而将玩家吸引到它们的门店中来，这样玩家就有可能转化为门店顾客。

年轻人是最早拥抱虚拟现实技术的人群。2017 年，科技巨头苹果、谷歌和 Facebook 均宣布将 AR 功能整合到智能手机或 App 中。对于大多数年轻人来说，他们第一次体验虚拟现实用的是谷歌的纸盒虚拟现实眼镜，而不是来自 Oculus（欧酷来）或三星的更昂贵的头戴设备。随着谷歌纸盒眼镜的推广，谷歌成为这一行业的领军品牌。纸盒眼镜让成千上万的学生能够观看 YouTube 和谷歌探索（Google Expeditions）创建的虚拟现实内容，探索海底世界；洛克希德·马丁公司（Lockheed Martin）的 STEM（科学、技术、工程、数学）虚拟现实 App 能够让学生探索火星。

2016 年，《辛普森一家》（*The Simpsons*）向消费者赠送谷歌纸盒眼镜，结合专门为《辛普森一家》开发的虚拟现实内容，打入了 VR 游戏领域。《辛普森一家》用 VR 技术纪念第 600 集，并让粉丝们参与到这一"庆典"中。通过使用谷歌眼镜和一个特别设计的 App，粉丝们会进入 360 度沉浸式体验场景，直接走进辛普森一家的世界。在《星球大战》（*Star Wars*）系列 2017

---

① Cinnabon 是美国的一个食品品牌，其肉桂卷深得人心。——译者注

年推出的《最后的绝地武士》（*The Last Jedi*）一集中，迪士尼与谷歌合作开发了一款 AR 体验应用。只要下载一个免费的 App，星球大战的粉丝们就可以把《最后的绝地武士》中的角色贴到现实世界中。

虽然我们仍处于 AR、VR 和 MR 革命的初级阶段，但"95 后"年轻人是第一代用着这些技术长大的人。面向他们的品牌因此可以用原创、互动式的体验来融合现实世界和数字世界，从而获得吸引这些年轻人的机会。让我们来看一个很受欢迎的年轻品牌是如何将新兴的 AR 技术与移动智能手机相结合，创造出深受年轻消费者欢迎的体验的。

案例研究　MTV 如何拥抱 AR？

在看到 Snapchat 的"跳舞热狗"（Dancing Hotdog）AR 滤镜成功之后，MTV 的一个团队开始思考如何将 AR 应用到粉丝体验中。他们这样做不只是因为 AR 很酷，也并非要跟风 Snapchat。撇开 AR 的噱头，他们在头脑风暴时思考得更多的是如何将 MTV 的 AR 滤镜集成到真实、可分享的和沉浸式的环境中。

经过长时间的思考及辅助实验，团队想到打造一个以标志性的月球人（Moon Person①）为基础的 AR 滤镜，用于 2017 年的 MTV 音乐录影带颁奖晚会。"跳舞的月球人"（Dancing AR Moon Person）推出以后，吸引的观众数远超预期。据 MTV 2017 年的报道，仅一周，AR 月球人在社交媒体上就产生了近 2000 万次曝光和 240 万浏览量。

根据月球人项目经理托马斯·德·纳波利（Thomas de Napoli）的说法，衡量 AR 体验的关键指标是看这种数字体验是否提高了品牌的吸引力。显然，

---

① Moon Person 是 MTV 音乐录影带大奖的奖杯造型，一个手举 MTV 旗帜的登月宇航员形象。

AR 月球人实验把原本不可见的目标受众"炸"了出来，同时成为一个将正在老去的年轻人指向的品牌转变为与新一代年轻人相关的品牌的标杆。

聊天机器人与人工智能

根据《语音报告》(*The Voice Report*) 2017 年的分析，2018 年将有 2500 万语音助手以 40 至 180 美元的价格售出，远远多于 2015 年的 170 万。孩子是聊天机器人和人工智能语音助手（如 Google Home、Siri、Alexa 和 Facebook Messenger）最大的使用群体。对这一代和下一代人来说，人工智能和机器人是新常态。亚马逊的 Alexa 现在已经集成到通用电气（GE）的电器中，使得启动洗衣机变得异常简单，只要说一句"Alexa，洗衣服"就行了。机器人越来越受欢迎，主要是由于这一代人喜欢通过电子设备沟通，他们大部分的日常活动都是在移动设备上进行的。亚马逊的 Echo 系列设备非常受孩子的欢迎，他们向 Alexa 寻求帮助，比如上课、找笑话、检查拼写错误，以及从达美乐（Domino）订购比萨。

想吸引青少年的品牌已经介入机器人市场，推出了一些当下最流行的聊天机器人。丝芙兰（Sephora）和 H&M 已经开发出分享时尚建议的机器人，而 Saban Brands 则推出了以青少年为目标对象的电影和电视专营权，比如观看《忍者神龟》(*Teenage Mutant Ninja Turtles*) 的观众可以与演员和角色进行一对一的对话。Facebook 的报道称，开发人员已经为其 Messenger 平台创建了 11000 多个聊天机器人，而 Kik——最受欢迎的短信平台之一——仅在 2016 年的一个月里就发布了 6000 个新的聊天机器人。Kik 也有一个机器人商店，类似苹果的应用商店（App Store），它为聊天机器人的线上分发提供了一个中心。

例如，丝芙兰有一个 Kik 聊天机器人，它可以指导用户如何使用化妆品，提供教程、产品推荐和视频剪辑功能；它还可以通过提供产品信息来帮助实体店中的年轻消费者。流行天后凯蒂·佩里（Katy Perry）、魔力红乐队（Maroon Five）和 YouTube 平台的 AwesomenessTV 也有各自的聊天机器人，通过提供与年轻人有关的、实用又吸引人的内容，在品牌中注入游戏化元素，吸引粉丝，建立社群。

隐私和新兴技术

提到各种各样的新兴技术，我要提醒大家的是，对于许多消费者，甚至是年轻消费者来说，这些技术还不是主流。因此，品牌需要让消费者了解这些技术的好处，告诉他们这些技术将如何改善他们的生活，最重要的是，要告知他们你将如何使用和保护消费者的个人身份信息（PII）及其他数据。在第 9 章中，我们会更深入地探讨《儿童网络隐私保护法》（COPPA）和《通用数据保护条例》（GDPR）及澳大利亚当前的网络隐私保护提案，以及这些法律法规会如何影响你的品牌社群。

可能与你在新闻中听到的相反，年轻人其实非常关注隐私，甚至比前几代更甚。就连美国玩具巨头美泰（Mattel）在 2017 年宣布推出主打"安抚、教导和娱乐"的家庭婴儿监护仪亚里士多德（Aristotle），也面临公众对其使用人工智能导致潜在隐私危险的强烈质疑。年轻人非常重视隐私和数据收集，如果你失去了他们的信任，他们就会抵制你的品牌。

---- 本章要点 ----

- 通过创建能吸引年轻人的犀利、真实的内容，利用每个社交、数字和直播流媒体平台的优势。

- 在所有社交平台上保持一致的品牌声音和调性。

- 关注社交互动，与粉丝建立朋友关系，并与你的品牌和粉丝社群分享经验。

- 不管你是否打算使用某个社交媒体平台，你都应该创建并维护一个个性化链接——你独有的网页或社交账号，方便消费者识别你的品牌。

- **影响力营销不是一个应急方案。** 有一种常见的误解，即影响力营销会在短时间内扩大社交媒体的覆盖范围并提高受众的参与度。你的品牌可能会经历最初的一阵热捧，但要获得长期拥护者则需要以缓慢和稳定的步伐发展。

- **创造具有启发性、相关性和分享价值的内容。** 年轻人如果参与了你的对话，与朋友分享了你的内容，应该能提高他/她在社群中的地位。

- **把数字和社交媒体平台作为工具，帮助年轻人解决问题、完成任务，让年轻人与朋友互动，获得娱乐体验。** 如果你的社交媒体和内容策略没有为他们提供以上这些东西，那么你的品牌将被他们踢出订阅清单、手机屏幕和他们的世界。

- **今天就开始制定新兴媒体战略（希望你已经在进行中）。** 你有可以移植到聊天机器人或人工智能技术中的在线教程吗？如果你是一家传统企业，有没有一种AR体验可以把顾客带进你的店里？

- **有关影响力合作的法律法规。** 越来越多的法律法规要求影响者、品牌和营销人员通过标签和水印明确说明他们之间的关系。在任何目标市场国家，你的品牌都需要遵守相关法律，并监督影响者遵守这些法律。

08

内容策略和战术考虑

高质量且有高度相关性的内容无法通过算法获得，
你无法订阅它。你需要人——真实的人类——来
创作或策划它。

克里斯蒂娜·霍尔沃森（Kristina Halvorson），
Brain Traffic（一家内容策划机构）创始人兼 CEO

内容策略速成

　　"95后"年轻人是以社交媒体和数字内容为精神食粮长大的，这些内容几乎渗透到他们生活的方方面面。对他们来说，内容不仅仅是"王"，还是他们呼吸的氧气。内容为他们提供了最重要的素材，让他们可以与朋友分享，制造欢乐。因此，对于品牌来说，创造与年轻人相关的内容、从喧哗声中突围、鼓励年轻人参与进来是利害攸关的。此外，每个社交平台都有各自的特点和独特的文化，生产的内容必须是平台特有的，才有可能与受众产生共鸣。

　　在本章中，我们将为你提供一个内容开发的速成教程，还有一些实用战术，目的是为你成功驾驭快速发展的社交媒体与数字内容打好基础。我们首先会向你展示如何以第3章中的真理为内容规划指导方针来为你的品牌定制内容。我们会解释平台拥有品牌个性化链接的重要性，并分析如何战略性地选择它们；重点是要开发有助于提升年轻人地位或"让他们看起来很酷"的内容。我们还会分享品牌在社交媒体上的声音、调性和内容风格的一般准则，以确保品牌不至于和年轻人常用的平台格格不入。我们将向你呈现一个致力于做好自己的快餐店（quick service restaurant，QSR）的案例。然后我们对内容管理做了探讨，它涉及时机、数量和编辑日历的开发。其实这一部分完全可以拓展成一本书，所以我们在这里只集中讨论一些关键点。

定向的内容策略：将真理付诸行动

在为年轻受众规划和开发内容时，我们重新审视了真理（第3章）。真理是规划内容主题的指导方针，帮助你考虑年轻消费者的需求和渴望，检查和平衡你的想法，以便你有明确的目标内容的组合。

定向的内容策略

身份：介绍你的品牌。你创造的内容必须能在年轻消费者的心目中打下品牌的烙印，通过展示你的产品和服务来传达多样性、趣味性、相关性——无论品牌的特征是什么。在内容中加入品牌背后的人的信息，以及任何其他富有教育意义的内容，来引导他们关注品牌。

信任：证明它。你创建的内容应该向年轻人提供值得他们信任的理由，使他们相信你的品牌将实现它所宣称的内容。它是可靠的、有道德的商业实践，并且通过展示"它是如何制造的""幕后花絮""示例"等，证明它是对年轻人有利的——请记住，是展示，不是告知。

相关性：让受众看起来很酷。内容应该积极展示品牌所做的最酷的、最新奇的事情，提升追随品牌的粉丝的社会地位。即使你的品牌是积极正面、值得信赖的，但被社会认可甚至令人倾慕也同样重要。

可能性：提供灵感。创造鼓舞人心的内容，向年轻人展示一条前进的道路，激励他们突破限制、谋求进步或者改善他们的生活。可以是一个问题的即时解决方案，或者激励他们畅想未来的事业，捕捉他们的想象力。

体验：将年轻人的现实世界和数字世界融为一体。你的内容应该能让年轻人记录和重温与此相关的重要时刻。你提供的体验应该能将他们与现实世界和数字世界连接起来。

确定和维护品牌链接

如果没有在社交平台、网站和登录页面上建立品牌链接（品牌链接是社交媒体平台上你的品牌的唯一标识，也可称为品牌账户，如 twitter.com/cocacola），那你的品牌内容计划就是不完善的。你的目标和挑战是拥有一个统一且一致的品牌链接，代表你在社交媒体和数字平台上的品牌标识。

理想情况下，你应该在每个社交平台上都设置一个品牌链接，以便你的目标受众找到你的品牌。即使你不打算使用某个社交平台，你也应该维护它上面的链接，这样你的品牌或组织就不会被恶意劫持。为了避免混淆，你可能还需要获取与你品牌的名字相近的链接，例如 twitter.com/coke、twitter.com/therealthing。选择一个与你的目标、品牌形象相匹配的链接，在年轻人文化中准确定位你的品牌。以下是选择品牌链接的主要准则。

选择准则：社交平台上的品牌链接

尽量用原名：最好使用品牌的真实名称。即使你没有计划要使用某个社交平台，趁早获得带有与品牌名一致的链接也是必要的，可以防止别人窃取你的品牌身份。

使用关键词：如果你的公司名称已不可用，那就选择一个有关联性的，在搜索引擎上容易跳出的关键词往往是一个最好的选择。

保持相关：选择一个对提升你的品牌有帮助的链接名。

尽量简短：简短使人们很容易记住并找到你的品牌，也很容易在他们的社交媒体上提到你。

案例研究　如何选择品牌链接？

在以下这个案例中，你将看到我们是如何一步步为 AMAZE.org 确定品牌链接的。AMAZE.org 是一个非营利性组织，为青少年、家长和教育工作者制作"不那么尴尬"的性教育动画视频。

• 根据"社交平台上的品牌链接"准则，我们列出了以下潜在的链接列表，供 AMAZE 在社交网络上使用。

• 对于每个品牌链接，我们都给出了选择的理由。我们还研究了主要社交平台建议的品牌链接的可用性。

1. 品牌链接

—提议的品牌链接：*/amazeorg

• **理由**

—这个链接在所有社交平台都还没有被占用

—AMAZE 的品牌名称在该链接中清晰可见，在搜索引擎中键入关键字也很容易找到

—传达了有关 AMAZE 的信息

- **准则**

—尽量用原名

—使用关键词

—保持相关

—尽量简短

2. 品牌链接

—提议的品牌链接：*/amzbodz

- **理由**

—"amzbodz"源自流行词汇

—该链接还未被占用

—是 #amazebodz 的缩写

—有趣的信息有助于消除对话中的尴尬

- **准则**

—使用关键词

—保持相关

—尽量简短

你的内容让年轻人看起来够酷吗？

向年轻人做内容营销时，最重要的目标是吸引和保持他们的注意力，让他们显得很酷——尤其是在同龄人中。他们要求即时满足、一定量的点赞数和浏览量，以及自我表达。在一个信息泛滥的时代，他们的屏幕上充斥着完美的图像和精心策划的现实，但年轻人也在寻求真实的互动。在社交媒体时代，为他们提供一种帮助他们建立个人品牌的方法，他们就会拥抱你的品牌。

我们再从年轻消费者的角度来看一看。在他们成长的世界里，他们知道朋友和陌生人在不断评价他们，他们会用这些评价来定义自己。如果你的品牌被认为太幼稚或无聊，他们就会毫不犹豫地走开……他们的指尖有无限的选择。他们之所以喜欢 Instagram 和 Snapchat，有一个原因是，这两个品牌都提供工具（滤镜、数字贴纸/增强现实贴纸、字体），让他们获得社交媒体上的认同，满足他们的自尊心，让他们在朋友面前看起来很酷。Instagram 的秘密武器是方便易用的滤镜和数字贴纸，可以将普通的照片变成很炫酷的作品。快速双击屏幕就会让他们获得最渴望的即时反馈和认同。

从狗耳朵到花环，Snapchat 不断添加新的贴纸，让年轻人向世界展示他们的个性，打发无聊的时间，与朋友一起玩乐，用增强滤镜和数字贴纸与朋友们分享他们的日常生活，从而在"现实生活"中建立联系。Snapchat "Messaging Streaks" 功能满足了年轻人对时刻保持联系的需求。

有很多方法可以将你的声音和品牌的真实性传达给你的年轻消费者社群，但不论做什么，你都必须确保内容是满足社群需求的——如果与朋友分享该内容，他们会显得很酷，或者会觉得自己增加了新的身份。

移动设备优先

任何想与年轻人建立联系的品牌都必须有"移动设备优先"的视频战略。Adobe 在 2017 年进行的一项研究发现，76% 的"95 后"年轻人选择移动设备来观看视频、直播，玩游戏和进行视频聊天。媒体平台 AwesomenessTV 的一项调查发现，"95 后"的典型视频消费中有 71% 是流媒体，三分之一受众是在移动设备上观看的。如果你想让他们看起来很酷，那么就以最流行的形式呈现内容，并且要具备社会价值。社交平台也让"意外收获"成为可能，你的受众会感觉他们"发现"了新的内容，他们可以通过自己喜欢的渠道与同龄人分享这些内容，从而在朋友圈中获得社会资本。

打造令人难忘的品牌声音

  始终如一、令人难忘的品牌声音是与年轻受众建立联系的关键。你的粉丝和社群应该在没看到品牌标志的时候就能够识别你的内容，因此你的声音要变得像他们朋友的声音一样熟悉。你的声音应该始终保持不变，但音调可以根据语境有所变化。你的身份不变，但是你的表达方式和语言应该不断调整，以适应不同的社交平台。

  如果对象是年轻的受众，我们推荐使用励志性的声音。就好像是学校高年级的领袖人物一样，低年级的学生会倾听他，因为想成为和他一样的人。年轻人希望受到人们的喜爱，而不是成为什么遥不可及的名人或者有影响力的大人物。要创作出吸引他们的内容，关键是在社交媒体中开发和微调你的品牌形象、声音和腔调。

  一个很好的例子是媒体巨头华特迪士尼公司。作为一个曾经以守旧著称的品牌，迪士尼现在发现了一种能与年轻受众产生共鸣的独特声音，从而找到了新的成功模式。其转型的下一步是创建和分享反映这种腔调转变的内容。

现有内容被重新用新的方式表达出来，比如通过动图或 Musical.ly 视频。

战术性内容注意事项

• **内容真实**。从 1000 英里外，年轻人就能察觉到品牌用力过猛。如果你的信息没有触及目标人群，那么无论你的产品价值有多高都无济于事。你的内容必须真实可靠，才有可能被分享。简单来说，在真实性这个问题上，如果你不被信任，你就会被无视或者抛弃。

• **营造正确的氛围**。创造能脱颖而出的内容和娱乐体验，形式可以是搞笑、讽刺或是杂糅的。给年轻人一个在社区中互相联络、分享信息的理由，这会有助于你成为他们的盟友。

• **不要装腔作势**。年轻人的网络用语非常难懂，所以你不要装腔作势、不懂装懂。重要的是使你的内容提供年轻人掌控自己身份所需的工具。

• **以事件为导向**。内容，尤其是对年轻受众而言，应该以事件为导向。他们的时间概念主要以生日或假日这些特殊的日子来确定，重要的是要通过分享合适的事件内容来强调这些时间点。

• **评论也是内容**。回复帖子中的评论可以产生大量的积极情绪，也可以增强用户认可及其对互动的期待值。这就要求你的品牌始终贯彻下去。

内容管理基础

品牌需要"像出版商一样行事"。

迪特里希·马特希茨（Dietrich Mateschitz），红牛创始人兼CEO

内容发布的时机和数量

如何决定内容发布的频率？最好能找到一个平衡点，不要分享过多内容导致受众厌烦，只发布足够量的内容吸引受众，让受众不断回来寻求更多内容。这是一个试错的过程。不要害怕，尤其是一开始，要多尝试发布频率和内容类型。

确定要发布多少内容的最佳指标是通过让社群管理团队检测受众的反应来实现。如果很多人点赞、评论或分享了你的内容，就证明你在正确的轨道上。相反，如果你一开始就发布大量内容，却发现点赞和分享都很少，或者有人给出了负面的评论，那么你就应该减少内容发布的数量。一定要注意倾听并解决社群关注的问题。

要记住的最重要的一点是品牌要与你发布的内容保持一致。另一个需要考虑的问题是发布的时间。例如，如果你的品牌是一个青少年品牌，你的大多数受众白天都在学校，那么你应该在中午（午餐）和放学后发布内容。但在暑假，你就可以增加全日发布的频率。虽然没有硬性的规则来规定你应该多久分享一次内容，但这里有一些指导方针供你参考。

内容发布的时间和频率问题

关于社交平台上的参与度和对话频率，没有什么神奇公式。你需要时刻把握社群的脉搏，及时做出反应。这样做是为了表明你对倾听社群的信息确实有兴趣。对于年轻人来说，品牌仅仅发布内容但不作回应并不是什么好体验。如果你只发布内容而不与社群接触，你就成了一个单纯的内容制造机器。

关键是要证明在你的品牌社交账号背后有真实的人在倾听和回应。如果你不能在个人层面上参与进来，你的年轻受众会认为你是在推销，从而把你拒之门外。记住，与前几代人不同，"95后"打从一出生就是营销对象，因此非常善于嗅出露骨的营销气味。

虽然拥有内容发布日程表是个好主意，但不要拘泥于"每周四下午3：42发帖"。面对社交媒体，你需要变得更敏捷，反应迅速，而不是单纯发个帖就觉得完成任务了。

内容和可编辑的日程表

说到社交平台上的参与度，有两个关键点：可编辑和对话式。这两个要素不仅在提高年轻人参与度中起着至关重要的作用，也会直接影响你的品牌内容对他们的吸引力。可编辑内容提供的框架与通过社交平台围绕内容进行的更有趣、更吸引人的对话之间是一种共生的关系。这样想吧：可编辑内容是内容得以存在的架构，但正是围绕内容发生的对话迫使年轻人不再"潜水"，而是做出回应。

确定可编辑内容的发布频率主要是为了确保产生足够的内容来"喂饱"受众。如果提前几个月在内容日程表上策划内容，就能够积累出一个与年轻人主题相关的、季节性和文化性的深层材料库。将品牌特定的内容和非品牌的内容混合起来也很重要。如果你只分享品牌内容，就有可能被认为是以自我为中心，用力过猛或者营销意图过于明显。你需要结合第三方内容、非品牌性的内容或来自品牌大使的"中性的内容"，还有一些来自流行文化的内容，在此基础上进行策划，然后与受众分享。这也可能为你和其他名人、品牌或社群之间的互动创造机会。

当你填写可编辑的内容日程表时，要注意节日和世界上正在发生的流行文化中的事件。例如，如果今天是全国冰激凌日，那你就需要在 Instagram 上分享你的品牌与冰激凌的照片，并向受众提问：你们最喜欢哪种口味的冰激凌？你的社交内容日程表中应该突出显示每个月份中的假日和特殊事件。通过创建可每月重复的一周焦点，你就能建立起一个框架来生产与受众高度相关并具有强大分享性的内容。

除了我们在本章中概述的内容外，创建一个能引起年轻人共鸣的内容的战略关键是，确保你的内容与你的核心品牌身份及价值观保持一致且真实。

—————————— 本章要点 ——————————

- **找到能引起目标受众共鸣的内容和故事，并创造更多。**第一步要看你的内容被分享的频率，以及年轻人评论该内容的频率。数据会告诉你什么？如果结果不符合你的预期，就意味着你要传达的信息可能和年轻人不在一个波段上，你的声音、腔调或风格需要调整。

- **你的受众关注什么样的活动？**你有没有准备好主题内容，以迎接重大的节假日？你是在考虑圣诞节、节礼日（Boxing Day）或感恩节等重大节日之外的事情吗？"95后"是一个全球性的世代，因此要考虑策划内容来庆祝排灯节（Diwali）——印度的灯节或黑人历史月（Black History Month）及其他文化庆典。

- **永远不要忘记行动号召（call-to-action, CTA）的力量——它在社交媒体上和在其他任何地方一样重要。**主题标签或数字信息传递的行动号召将有助于让你的受众感受到"可能性"，由此围绕你的内容，构建一个强大的、充满激情的、活跃的社群。行动号召让你可以邀请社群参与体验。

- **创建能有效定位你的品牌的个性化链接。**使用我们的社交媒体上的品牌链接选择准则，查看你在社交平台上现有的个性化链接是否准确反映了品牌的形象、声音和调性。

- **确定并坚持以一致的声音、调性和形象，制作能引起年轻受众共鸣的内容。**这些内容应该能融入你所使用的社交平台的真实语境中。

- **如果年轻人不信任你，他们就会无视你。**这也就是为什么创造能引起共鸣的真实内容并在合适的社交平台上分享，对于在年轻受众中建立可信度至关重要——信任是核心要素。

· **不要害怕尝试新兴媒体。** 大胆寻找新兴技术或者新的社交平台，可以在这些平台上试验现有的和独创的内容，以作为与年轻人联系的方式。

09

与年轻人共建社区

管理线上社区是一门艺术，而不是一门科学。它需要一个戴着天鹅绒手套的铁拳……每个线上社区都会自主发展，并最终反映出参与的人员的意志。互联网是由人组成的。

卡特琳娜·菲克（Caterina Fake），Flickr 联合创始人

年轻人和线上社区

你必须得接受的事实是，年轻人不需要你为他们创建一个线上社区来与同龄人交流，谈论你的品牌。与前几代人不同，"95后"的网络社区无处不在，每个社区都有一个专注的兴趣点。他们可以自己组织，收集信息，围绕对他们及同龄人来说最重要的兴趣及话题创建线上社区。因此，他们对加入一个品牌创建的线上社区不太感兴趣，因为品牌创建社区的唯一目的是向他们销售商品。但好消息是，"95后"不像"70后"那么厌恶广告，他们更务实，并不介意看到那些对他们有所帮助的东西的广告，只要广告是以一种创造性的方式呈现的，他们会非常愿意与朋友分享。

"95后"最关心的是你的品牌价值观。以共同的价值观为基石建立一个社区，做出实现理想的承诺，是赢得这一代人的忠诚度和终身品牌偏好的关键。对他们来说，最重要的价值观是包容、接纳、朴实的美好。除了与他们的价值观保持一致，他们还期望你的社区在社交媒体上做到三件事：认可、信任，以及最重要的一点——他们与你的品牌的联系必须使他们在朋友面前看起来很"酷"。不过，不要为了吸引他们而过分"努力"，这有可能会适得其反。你的品牌的行动比你的宣传口号更能说明问题。

什么是社区？

在"时刻在线（always-on）"的新闻、手机、媒体和社交信息时代，年轻人比以往更容易感到与真正重要的人和事物失联了。为了克服这种孤独感，人类历史上互相联系最紧密的一代人正求助于网络社区，以获得一种归属感——他们的付出和热情被他人看重并分享。社区可以以多种形式呈现，可以是线上的，也可以是线下的，或者两者兼而有之。但无论以何种形式，社区都应该是围绕流行文化、摄影、最爱的品牌、相近的地理位置、情感支持的需要、俱乐部、政治联盟或粉丝圈等共同点而建立起来的活的系统。一些线上社区是公开的、可见的，而另一些则是封闭的，成员在进入之前要经过审查。线上社区可以建立在不同类型的平台上，任何一个社区的成功与否都取决于它是否能够让成员感到被理解，让成员有机会做出贡献，并能与对其他成员抱有同样的热情和尊重的人交流想法。

优秀的社区管理者会利用社交媒体渠道就社区即将举办的活动发布通知；他们还会通过社交媒体分享音乐节、动漫展、产品发布会或其他并非所有成员都能参与的活动的盛况，从而促进社区的发展。在社区成员们不能到现场的时候帮助他们以其他的方式参与，这能表明你真的在乎他们。简而言之，社区就是聚集了有共同利益和激情的人的地方。有些社区只存在于网络上，而另一些则同时存在于现实和数字两个世界中。对于许多年轻人来说，加入一个社区可以让他们与他人合作，重塑自己的身份，与品牌、营销人员和教育工作者协商，应该如何及何时与他们互动。

案例研究　粉丝社区——泰勒·斯威夫特（Taylor Swift）

从她突然出现在音乐界的那一刻起，泰勒·斯威夫特就对社交媒体、粉丝圈和线上社区产生了巨大的魔力。她成功的关键是把歌迷当作朋友，而不是把他们当作购买她唱片和演唱会门票的消费者。首先，泰勒·斯威夫特发现她的许多年轻粉丝都更喜欢用 Tumblr，而不是 Facebook。她立刻开始使用 Tumblr，给"饭制"作品留言，与粉丝交流互动。她在 Tumblr 和 Instagram 上的真实参与给粉丝带来了一种归属感，让粉丝们觉得他们是一个庞大的应援社群的一分子，在这个社群里他们每个人都被重视和理解。通过 Tumblr，泰勒变得非常了解她的粉丝，她会给粉丝寄圣诞礼物和手写卡片，让他们备感惊喜。有一次，一个粉丝在 Instagram 上问泰勒如何应对欺凌，泰勒做出了回应并分享了她的个人经历。

泰勒·斯威夫特非常清楚，对年轻消费者的市场营销就是粉丝营销——与粉丝建立关系，像对待朋友一样对待粉丝。让有影响力的人传播信息，在粉丝觉得最舒服的地方与他们接触。泰勒·斯威夫特在她的专辑《1984》发行期间，在 Tumblr 上邀请了一些美国和英国的歌迷听她未发布的新专辑《1989》中的一些片段。这些片段之后被称为"1989 的秘密片段（1989 Secret Sessions）"。

受到邀请的幸运粉丝们用 #1989SecretSessions 这个标签与世界各地的其他"霉粉（Swifties）"分享视频和图片。这一明智的举措将专辑的营销定位在一个更真实的语境中，利用真正的粉丝作为影响者，将单个粉丝与更大的粉丝社群联系起来。整个营销的核心就是"粉丝至上"。

从专辑发行派对上与歌迷一起烤饼干，到"1989 的秘密片段"和她在

Tumblr 上的真情投入，泰勒·斯威夫特总是和粉丝在一起，为粉丝庆祝，奖励他们的忠诚。而粉丝们则不仅把她当作一个人，也把她当作一个品牌来崇拜。

社区如何推动创新？

品牌如果和线上社区合作并提供支持，就有机会发掘出一批热情的粉丝。这些粉丝会帮助品牌获得新粉丝，推动销售，提升消费者参与度，提高客户忠诚度，更长时间地留住客户。倾听社群的声音并与其合作也会带来产品创新，推进市场研究。现在的年轻人很乐于反馈，他们喜欢那些愿意倾听他们的反馈、建议和想法的品牌。如果你很真实，代表了一些有价值的东西，那么当你试图和他们对话的时候，他们会以支持来回应你。

案例研究　品牌创意社区——乐高创意（LEGO Ideas）

乐高在年轻人中很受欢迎。这个品牌有一个由建设者和创造者构筑的富有热情的社区。社区成员经常在 Twitter、Facebook 和 Instagram 等社交媒体平台上分享自己的想法、建议和作品。乐高用创意孵化器项目来挖掘他们的热情和创造力。乐高创意社区让每个人都可以在社区里分享乐高的创意玩法。

当乐高玩家提出他们的概念后，乐高社区（粉丝网站、社区公告牌、Facebook、Twitter、Instagram）开始对这项提案进行投票。一旦支持者超过了 10000 名，乐高就会考虑提案，玩家的想法很可能会成为现实。试想一下，印着你名字的乐高玩具组合有可能会与乐高的官方组合放在一起！乐高创意是品牌与社区合作的一个典型的例子，在这一合作中，创新和创意被推进为新的产品，社区成员感受到他们融为创造过程的一部分。这种共生关系对品牌和消费者都是有利的。

"95后"和社区的支持

通过手机上的社交媒体 App，"95后"与同龄人、朋友、老师、父母时刻保持联系。移动技术、创意内容资源、在线社区和数字媒体的发展伴随着他们的成长，因此他们很愿意参与支持社区的活动。线上社区为他们提供了找到同类的途径，这些人和他们一样面临着相似的问题或挑战。来自社区的支持是他们的精神世界的重要组成部分。在线上社区与陌生人接触是他们的第二天性。与他人联系以获得情感支持或指导是他们在成长过程中学会的方式。只要使用一个公共的标签，就可以构建一个隐秘的无关平台的社区；而使用一个标准的分布式标签，它就像是一个召唤那些寻求友爱、慰藉或解决方案的人的信号。

打造社区

社区管理者应该致力于创造一个健康的环境，让社区能生根发芽。他们应该密切关注社区的脉搏，倾听成员的需求及其关心的事情。他们需要成为社区指导方针的执行者，并在与营销团队合作时对数字公民有所管控，确保品牌价值与社区价值保持一致。请你回顾一下你目前在线上社区所做的努力。怎样提高你的社区成员的活跃度？你是否满足了社区成员的需求和期望？问自己这些问题，你会离建立有意义的社区更近一步。

群体中成员的社会身份是两面的，他既是独立的个体，又是集体的一分子。作为一名社区管理者，你要想一想你分享的内容及你与社区之间的互动，是如何同时吸引这两种身份的。根据我们的经验，社区管理者应该让社区成员之间的对话自然地发生，给他们足够的时间去发现自己在社区中的角色。

线上社区中的角色

你的线上社区中的每个成员都会带来各自独特的经验、不同的信息源，他们的参与程度也各不相同。有一些成员自然而然就成了组织者，因为他们有能力追踪把握细节，而那些有艺术细胞的人则会将自己定位为创造性内容的输入者。一个活跃的社区管理者需要能够识别这些角色，然后将他们聚拢在一个共同的目标或理想周围。

当成员之间开始互相欣赏对方的专业知识和观点时，这种知识和经验的交流就将一群人转变成了一个社区。当成员与社区互动时，他们的关系、共同的价值观和兴趣会发展起来。鉴于这种特点，一个社区的成员必须找到他们能贡献的价值，以及在与他人的社会互动中扮演的角色；一个社区必须创造出一种认同感。在你建设社区的过程中，需要考虑的一个重要因素是让成员建立与品牌价值相符合的身份。

社区管理层扮演的角色

角色：组织者

• 任务：为社区提供检索信息的有序途径。

• 流程：总结社区中的信息和知识。

• 价值：思想引导。

• 示例：社区管理者使用 Facebook Events 以使社群了解即将开始的现场直播和其可能感兴趣的真实事件。

角色：协调者

• 任务：调节社区气氛，保持对话流畅，监控恶意帖子，集中大家的注意力。

• 流程：确保所有成员都有机会做出贡献和参与到社区活动中。

• 价值：包容性。

•示例：社区管理者提出开放式问题，鼓励社区成员参与对话。

角色：战略家

•任务：确定完成任务的最佳方式，或通过制定和执行社区纲领来推动对话。

•流程：保持社区对话的组织性和文明性。

•价值：细节。

•示例：当社区管理者发现社区成员之间不恰当的互动时，能将他们重新导向更积极的方向。

角色：支持者

•任务：为特定个人或整个社区提供全面支持。

•流程：寻找帮助社区成员实现目标的方法。

•价值：提供帮助。

•示例：社区管理者认可并嘉奖社区成员的贡献。

角色：解说员

•任务：关联信息并提供上下文。

•流程：为社区提供秩序感。

•价值：组织能力。

•示例：社区管理者使用社交媒体渠道让社区成员了解情况，并在必要时承担品牌责任。

角色：研究员

• 任务：为社区提供外部资源，用作比较的信息。

• 流程：寻找其他信息以提供可靠性和真实性。

• 价值：信誉。

• 示例：社区管理者听取社区反馈，必要时研究投诉并提供解决方案。

最后，要记住，一个建立在共同价值观基础上的社区是一个不断发展的活的实体。换句话说，一个设计良好的社区应该为用户提供工具，让他们自己找到他们对社区的意义和贡献。

社区管理

　　作为一名社区管理者,你需要做一些严肃的工作。比如精心平衡各种活动、对话和内容,以培养成员的积极性和参与度,同时为成员提供获取信息和知识的途径,这些信息和知识会促使他们融入社区。在本节中,我们将回顾社区管理团队的一些基本角色和职责,需要注意的是,其中一些职能可能会有重叠。

社区纲领

　　当社区植根于信任、共同准则及所有成员对互惠互助的期望时,就会蓬勃发展。相互陌生的人连接起来,共同创建对他们来说重要的体验,这是每个健康社区的核心。社区管理者应当鼓励人们在察觉到规则被破坏时团结起来,反抗恶意破坏的行为。理想情况下,应该有一连串的警告,然后是驱逐和上诉。想一想你在线上社区花了多少心思,你和你的社区成员沟通过你的调控政策吗?

社区纲领是每个社区必不可少的组成部分。社区纲领是有助于培育、发展和保护社区的基本规则，最好在社区刚创建的时候就制定好。可以将其视为社区的"法律体系"。虽然没有约束力，但大家都认可的社区规范和可接受的行为会定下基调；针对违反规则的行为，会有相应的惩罚措施。思考一下你的品牌价值，如何将它作为指导原则融入你的社区纲领中？

你的社区纲领应该与你的服务条款（terms of service，TOS）一起发布在你的网站上，并且在你的品牌参与的所有社交平台上频繁且广泛地申明和分享。同样，你的品牌也应该遵循你正在使用的平台的社区纲领，所以你在创建新的社区时一定要遵守规则，并确保你能忠于自己的品牌价值。

社区监管

如果你建立了一个品牌社区，那么不光粉丝会来，带着恶意的人（trolls）、想要博眼球的人（drama queens）、网络上的厌世者（misanthrope）也会来。关键是不要反应过度；相反，要与你的社区成员就什么是适当的行为进行持续的沟通。此外，你的社区成员会在保护社区的过程中获得成就感，并对他们参与建立的社区生出一种归属感。

确保你的社区成员知道如何向团队报告不当行为，这也是很重要的。希望你已经在你的社区纲领中列出了被禁止的行为类型。你是否有一个内部流程来评估和处理线上社区中的不良行为？你应该在社区中建立一个共识，即社区的监管需要集体的努力，对最终目标（一个成功的、成员之间相互尊重的社区）的关注越多越好。

以你的社区为荣

如果你想让社区成员感觉到希望和成就感，你需要成为"啦啦队队长"。以下是我们建议品牌使用的一些策略：

• **展示**：如果你的社区中有人贡献了一个社区原生内容（CGC），或一个好主意，那么你应该将其与整个社区分享。"嘿，大家来看看，@pandajones 做了一个很了不起的东西！"

• **认可和感谢**：如果有人对如何改进你的品牌或产品进行了敏锐的观察或提出了很好的建议，或者提醒你没有遵守品牌价值观，那么你应该通过叙述性反馈（narrative feedback）来感谢他们的贡献。

• **以社区为荣**：当你的社区创下一个里程碑或做了一些很酷的事情时，不要默不作声，要大声说出来！记住，当社区达到某个目标时，你应该赞美的是社区而不是品牌。

形象、声音和腔调

要成功打造一个线上社区，你的个人形象、声音和腔调比什么都重要。年轻人希望你能和他们交谈，而不是对他们说教。当他们想和你的品牌交谈的时候，你应该静静倾听。在前面的篇章中，我们深入探讨了如何设计开发一个形象，确定它的声音和腔调的细节，关键是确保社区管理团队使用这个角色的方式与你的品牌价值、传达的信息和社交平台上的互动是一致的。

内容监管

无论你的频道发布了多少积极的、令人振奋的内容，总会有一些受众的行为超出你的预料，或是你无法控制的。参与者的年龄不同，所需的内容监管程度也会有所不同。用户原创内容（UGC）有时会让你想要逃避社交平台这个渠道，千万不要！相反，拥抱社交平台，创建支持平台独特属性、品牌价值观和健康社区的指导方针：

• 在频道的各个细节中展示社区纲领。社区纲领应该是对社区的期望，也是对社区成员的期望。

• 内容只有在语言极端、危险、威胁、滥用和提及非法活动的情况下才能被删除。

• 把负面评论当作机会，重申并展示你对社区价值和品牌价值的承诺，以作为对恶意发帖的人的回应。

• 确定你要对受众做出什么程度的承诺。比如，回复帖子中的评论可以激活大批社区成员，也可能提高成员对个人认可或互动的期望值，同样也会提高成员对你的期望值——这意味着你以后都必须一直保持对社区成员做出及时的回应。

• 避免机械式回应。

对于以儿童和青少年为中心的社区，你需要实行更频繁和强硬的监管。对霸凌行为应该是零容忍的，同样，这需要你在社区纲领中阐明。对于以年轻成人为中心的社区，只要"前卫（edgier）"的内容和评论符合你的声音、形象和腔调，你可以在内容监管方面稍微宽容一些。

数字公民和线上社区

我们发现，在发展良好的数字公民文化方面取得成功的品牌都与线上社区成员建立了信任关系。在这种关系中，品牌可以随时与社区成员就线上行为是否合宜进行讨论。

品牌如何对抗网络欺凌？

学习如何成为一个负责任的数字公民不仅仅是学校教育或家庭教育的问题。作为一个在线社区的"主人"，你的品牌应该建立一个能够包容不同信仰、支持被欺凌者、对抗霸凌的社区空间。这样做，你的线上社区才会越来越健康和安全。"数字公民"的定义有很多内涵，我们认为归结起来主要有三个要点：

• 在网络世界中举止文明，正如人们期望的你在现实世界中的行为表现一样。社会行为的普遍规则在线上线下两种环境中都适用。

• 线上社区的成员互相关照，就像在真实世界的社区里一样。

• 对你的线上行为负责，且富有同情心。

报告工具

正如我们前面所说的，在早期阶段，你的品牌就应该清楚地告知社区成员你会与他们一起打造文明的数字社区，他们应当在发现不当行为时立即向你报告。也许，社区成员成为优秀数字公民最好的方式之一就是报告欺凌、辱骂和不当评论。每个社交网站都有报告工具。确保你的社区成员知道这些工具的存在，并鼓励他们使用。社区成员和你的团队应该知道如何直接向平台报告欺凌和其他负面行为。

作为一个线上社区的"主人"，无论是在社交网络上还是在论坛上，你能做的重要的事情之一就是制定一项方案以区别和应对各种自我伤害行为。在与年轻人社群接触时，需要考虑一些问题。例如，你的团队中谁负责接收报告？你准备好跟踪 IP 地址然后给相关部门打电话了吗？你的社区管理者有什么可用的资源可以提供给有自残倾向的人？对社区管理团队的成员来说，与有自残倾向的人交流会非常痛苦，因此你也要确保为他们提供情感支持。

"95 后"与数字公民

做良好的数字公民意味着在发布内容或发送信息之前考虑其行为对他人的影响，它还意味着要站出来支持被欺凌的人——无论是在线上还是线下。要控制这些行为对品牌来说很有挑战性，但这是运营线上社区的一个重要方面，尤其是当涉及未成年人时。关键是在你的社区纲领中阐明，期望所有社区成员都是良好的数字公民。抓住机会成为关于负责任的数字公民方面的领导者，将有助于你赢得年轻受众的信任和尊重。正如我们在第 2 章中所说的，公平、包容和善良是年轻人的重要价值观。

同样重要的是要记住，对于任何帮助你应对数字公民问题的社交平台，你必须在发现不良行为时立即向它们报告。作为一个品牌，你需要树立行为的榜样，要让你的社区成员知道你希望他们做同样的事情。那些致力于在其社交平台上建立在线社区意识并灌输良好的数字公民意识的品牌发现，它们正在赋予社区成员宝贵的技能，其益处超越了物理、社交、虚拟空间的限制。

数字公民准则

通过以下三种方法可以将数字公民准则整合到你的在线社交媒体和营销内容中：

• **做文明人**。创建一些鼓励或示范与他人以文明的方式在线上世界互动的内容，就像你在现实世界中的行为被期望的那样。社会行为的普遍规则不仅适用于真实世界，也适用于虚拟世界。

• **有同理心**。要以身作则，创建的内容应体现理解他人、尊重和拥抱差异的理想，以一种善良、富有同情心和包容心的方式行事。

• **做一个正直的人**。想想你的品牌如何成为弱势群体的保护者。用内容鼓励你的受众在线上社区中相互关心，就像在真实世界的社区中一样。

年轻人和隐私

有关未成年人的网络隐私、数据收集、家长通知和面向未成年人营销的法律法规因国家而异。在向未成年人进行任何营销或数据收集活动之前，你应该寻求法律顾问的建议，以遵守有关未成年人隐私和营销的法律法规。

在本节中，我们将了解美国、欧盟和澳大利亚的隐私和营销法规。一般来说，关键是在开始收集 13 岁以下未成年人的个人身份信息之前，先做好数据收集的详尽计划，咨询你的法律团队和儿童网络隐私法合规顾问，为你的社区和品牌做出正确的有关隐私的决策。

美国：《儿童网络隐私保护法》（COPPA）

要注意，在前文提到的一些社交平台中，直接针对 13 岁以下未成年人（未经父母同意）的营销是违反《儿童网络隐私保护法》的。这部法律还规定了你应如何与第三方供应商、网络追踪器（cookies）和广告公司共享这些数据。

《儿童网络隐私保护法》是围绕品牌如何收集、使用和存储 13 岁以下未成年人的个人身份信息的一系列法律要求。根据该法律，如果你想收集未成年人的个人身份信息，必须先寻求其父母的许可。为此，美国联邦贸易委员会（FTC）列举了获得家长批准的方式，包括（但不限于）：发送电子邮件、信用卡交易和传真同意书。

有一些公司可以帮你的品牌规避不合规的问题。虽然这样做可能很贵，但比起被联邦贸易委员会罚款，代价就低得多了。截至 2017 年 6 月，该法律对违规行为的处罚从 16000 到 40654 美元不等。

欧盟（EU）：年轻人与隐私

《儿童网络隐私保护法》仅针对儿童，而欧盟的《通用数据保护条例》（GDPR）则为更广泛的人群提供数据保护。不过，该条例规定，当数据来自未成年人时，隐私标准和个人身份信息收集的标准必须提高。在撰写本文时，还不清楚英国脱欧将如何影响《通用数据保护条例》在英国的施行。

尽管各国的法定年龄有所不同，但欧盟规定了法定年龄的范围：不小于 13 岁，不大于 16 岁。例如，在西班牙，法定年龄为 14 岁，而英国的法定年龄为 12 岁。

根据《通用数据保护条例》，任何想从小于法定年龄的孩子那里收集个人身份信息的组织或品牌都必须从家长那里获得批准。为此，营销商可以使用类似于《儿童网络隐私保护法》中列举的方法，包括（但不限于）：发送电子邮件、信用卡交易和传真同意书，以及可以提供父母批准意见的其他类型的技术。

澳大利亚：未成年人和网络隐私

截至 2017 年，澳大利亚政府没有任何具体有关收集未成年人的数据、隐私或向未成年人营销的法律。然而，澳大利亚法律改革委员会（ALRC）设立了两个工作政策委员会，他们提出了一套具体的隐私法，与美国使用的《儿童网络隐私保护法》非常相似。

预防肥胖政策联盟（OPPC）和澳大利亚青年媒体（YMA）共同提交了一份建议，内容是禁止直销商收集或使用任何未经家长同意的 14 岁以下未成年人的个人身份信息。与《儿童网络隐私保护法》一样，工作政策委员会建议，可以通过邮寄或传真发送签名表格、提供信用卡号码或电子签名，或者拨打免费电话来获得许可。

预防肥胖政策联盟和澳大利亚青年媒体提出的另一项建议是，未满 14 岁的未成年人可以参加比赛、晋级或其他活动，但禁止品牌方将参赛者的个人信息用于直接营销。澳大利亚法律改革委员会建议将适用对象设置为 18 岁以下的所有未成年人。截至 2017 年，该委员会仍在审查这些法规。

──────────────── 本章要点 ────────────────

- **年轻人最关心的是你的品牌价值。** 围绕共同的价值观建立一个社区，对理想做出承诺，是赢得这一代人忠诚度和终身品牌偏好的关键。

- **品牌应该在年轻人聚集的地方建立社区。** 比如在社交网络上、线上团体中，通过标签和真实世界的事件来发起建设一个社区。

- **社区纲领是任何良好的社交参与战略计划的基石。** 社区成员必须事先知道哪些行为是可以被接受的，违反社区纲领将受到何种处罚。

- **熟悉以年轻人为中心的社区纲领。** 查看各社区的纲领，将其作为实践范例，注意它们是如何用腔调、声音和形象来吸引年轻受众的。

- **确保你的社区遵守隐私法。** 如果你与 13 岁以下的未成年人接触，在收集他们的个人身份信息时，请务必全面遵守《儿童网络隐私保护法》（或者其他国家的隐私法规）。

10

社交媒体及影响力评估入门

如果你想测量社交媒体的投资回报率，不要浪费时间做试用软件或参加网络研讨会。只要搞清楚你想要追踪什么，去哪里可以追踪到，同时考虑到现有的客户和新客户，然后放手去做。

杰伊·贝尔（Jay Bear），Convince & Convert 创始人

社交媒体和数字媒体不断变化，
但对责任的要求始终如一

如果你没有在年轻人文化中获得足够的关注和参与度，以让你赢得能推动业务增长的受众，那么受众洞察力、结盟和曝光率都是毫无意义的。在这里，我们要强调的最重要的事情就是价值创造。把你的时间、精力和资源投入为那些构成你的目标市场的年轻人——那些你正努力识别、接触和吸引的人——创造价值中去，这是你能做的最重要的事情。如果你不能创造价值，那么这本书中谈到的所有技巧、策略都是没有意义的。

本章主要介绍"赢得媒体报道价值（earned media value，EMV）"对社会活动和影响力活动的衡量和评估。我们将讨论 EMV 的衡量标准及它是如何作用的。不过，社交平台在不断变化，我们建议在锁定一个特定的社交或数字平台、影响者或创作者之前，先了解所有不同的度量标准和分析特性，以及它们是如何构建的。一个影响者或创作者的 EMV 潜力可能会有波动，但如果我们遵循 EMV 公式，就可以确定在特定时间对特定品牌或受众具有最高潜在价值的平台和人才。本章结尾是对 Hookit 创始人的采访，他是通过数据分析社交媒体、影响力和商业赞助效果的专家。

EMV 及其基本指标

　　社交媒体和数字媒体是"95后"年轻人生活的地方，因此品牌都想把触角伸入这些领域。虽然社交媒体和数字媒体有明确的定价结构和评估标准，但很难将有机的社交活动和有影响者参与的活动与投资回报率联系起来。那么，我们如何衡量社交媒体，特别是影响者和创作者——本质上是口碑或社交媒体上的背书式宣传——对年轻消费者的影响呢？如果没有一个评估的公式，那么相信一个受欢迎的影响者或创作者支持你的品牌会给品牌带来很大的好处，就是一场赌博。这时候，就需要EMV登场了。EMV是一个品牌在社交媒体推广过程中所产生的价值，基于推广的质量和受众的参与度而确定。用EMV可以大致估算出如果一个品牌在同一平台上通过一次付费的宣传获得类似的参与度，其成本是多少。作为一种能识别特定指标并将其分配到有机的社交媒体互动的各个方面，去量化影响者宣传效果的方法，EMV正在被越来越广泛地使用。下面我们来看一下EMV的基本指标，以及其他可纳入考虑的指标。

基本指标

- 触达率
- 参与度
- 舆情

触达率

触达率不是价值的绝对衡量标准，但它是价值的构成要素之一；品牌在年轻受众群体中的知名度，仍然是评估品牌潜力的重要指标。触达率（发帖、自然流量、病毒式传播、付费推广）指的是实际看到你的内容的用户数。虽然触达率不是最重要的，但它确实会对你跟踪的其他所有指标产生影响，包括参与度（点赞、评论、点击、分享）和舆情（消极／积极）。要测量品牌对年轻人的触达率，我们需要监控六个主要指标：访问量、内容消费方式、地理位置、弹出率、页面浏览量、搜索引擎优化（SEO）和标签数。

触达率指标

访问量

- 目标受众中有多少人在浏览你的内容？该内容是否增加了你的网站、活动页面、社交平台和其他线上线下站点的访问量？

- 什么类型的内容（图像、视频、动图、增强现实、虚拟现实）在提升你的社交渠道的访问量？

内容消费方式：移动设备或固定网络

- 年轻受众如何消费你的内容？他们是使用移动设备（智能手机／平板电

脑）还是固定网络访问你的内容？

• 以上信息如何影响你对各个社交渠道或网站的设计和使用？

地理位置

• 你的内容在哪里被分享？它是否在某些地区表现得相对更好？

• 你的品牌如何才能针对地理位置进行优化？

弹出率

• 你的目标人群是花时间关注你的内容，还是快速跳转到另一个网站？

• 如何调整内容，使年轻人在你的网站上停留更长的时间？你为你的内容找到正确的声音和调性了吗？

页面浏览量

• 目标受众还会回来吗？他们是只来访一次就走了吗？还有什么其他因素促使他们进入你的社交平台？

搜索引擎优化和标签数

• 你的搜索引擎优化策略对年轻受众的效果如何？

• 网络搜索或标签是否会将年轻人拉向你的社交网站和内容？

参与度

当年轻人采取主动或响应你在社交媒体渠道上的号召时，参与就发生了。也就是说，参与指的是用户以任何方式与内容发生交互，包括查看、分享、投票、评论、玩游戏或参加民意调查。例如，他们会给一篇文章点赞，点击一个链接，评论一段视频，或者分享转发你的内容。参与度是衡量你与年轻人文化的契合程度、内容的好坏及它引起共鸣的程度的最佳指标。对你的社交媒体活动做一个诚实的评估：你是否发布了足够多的信息，或者发布了过量的信息？如果你发现无法达到预期的参与度，那么应该检查一下内容的声音和调性。这里的关键是想想你的受众，思考如何才能更好地提升内容价值，从而增加受众的使用时长。在我们使用的众多指标中，参与度是最重要的一个。我们需要优先考量直接互动次数、社交媒体分享率、传播速度和参与时长。

参与度指标

直接互动次数

• 包括点赞、评论、投票、玩游戏和观看视频——个人直接参与并做出了瞬时反应。

社交媒体分享率

• 年轻人是否分享你的内容？如果是，他们在什么平台上分享和转发内容？

• 如果你的内容被分享了，就表示你的内容策略起效了。你策划和创造了引起共鸣并被认为真实可信的内容。年轻人分享你的内容是因为你的内容能让他们在朋友眼中的形象更好。

传播速度

• 简单来说，传播速度是指社交媒体上内容参与度的变化情况——在给定的时间段内，内容获得了多少次新的分享、评论和其他互动。

参与时长

- 你的受众花了多少时间看你的内容？
- 他们访问你（或竞争对手）的社交内容的时间长度有差别吗？

舆情

舆情指的是在社交媒体上受众与你的品牌互动时产生的情绪。积极的舆情会提高受众的参与程度，扩大受影响范围。舆情也是反映你的内容中传达的声音和腔调是否成功的晴雨表。查看舆情并思考为什么特定的人对你的品牌感到满意、高兴、生气或恼火，这一点很重要。

最重要的是，舆情分析可以让你看出受众对你的品牌、产品和在社交媒体上的作为的普遍态度。舆情分析的过程是将社交媒体评论分为三个基本类别：正面、负面或中性。在这里我们要讨论的舆情指标是舆情类型和品牌亲和力。

舆情指标

舆情类型

- 对你发布的内容的正面评论和负面评论的比例各是多少？你应该听取受众的反馈，有必要的话，调整你发布的内容和互动的方式。声音和调性就是一切。

- 大量积极的评论表明你的内容的声音、调性及其组合都是正确的。如果受众反馈给你太多"愤怒"的表情符号，你就要考虑重新调整你的内容策略，以获得更积极的反馈。你也可以将之作为倾听社群的机会。

品牌亲和力

• 如果你的品牌在做好事或改善他人的生活，年轻人就会愿意与你的品牌联系在一起。这让他们感觉很好，也让他们在朋友面前有良好的形象。这是品牌的胜利。

• 对许多影响者和创作者来说，品牌亲和力是终极指标。反过来，许多品牌也喜欢与有影响力的人结盟，以此来提高品牌的可信度。如果影响者有一个和谐的社区，那么品牌与之联合，可能会收获极高的参与度和积极的舆情。

总之，当涉及 EMV 时，我们建议把指标分为以下几类，然后选择最适合品牌、产品、年轻受众的指标：

• 触达率：访问量、内容消费方式、地理位置、弹出率、页面浏览量、搜索引擎优化和标签数。

• 推广类型和质量：提及（@）、标签（#）、链接、文本中的 logo、照片和视频、大小、清晰度、logo 的位置等。

• 互动类型和质量：直接互动数（如点赞、评论或视频观看）、社交分享（分享、转发）、传播速度、参与时长、互动情绪、品牌亲和力。

• 每次参与的成本：按平台划分的点赞、评论、分享、转发或视频观看的市场驱动率（market-driven rates）。

采访：Hookit 创始人对社交媒体和影响力的评估

——斯科特·蒂尔顿（Scott Tilton），联合创始人兼 CEO；

R. J. 克劳斯（R. J. Kraus），联合创始人兼首席产品官（CPO）

克劳斯和蒂尔顿都是技术专家，他们精通的技术正重塑评估社交媒体、影响力方案和赞助项目的效果的方式。Hookit 已经建立了一个非常强大的平台，是媒体评估领域的先驱。Hookit 追踪、测量、评估数字及社交媒体平台中的赞助方案带来的整体参与度。Hookit 评估模型（HVM）的算法将社交互动（如点赞、分享、评论和观看视频）、内容推广质量（大小、清晰度、logo 的位置）、推广类型（标签或提及）和按每次参与的收费标准结合起来，为参与度提供一个 EMV（具体的指标）。

此外，它还应用计算机视觉软件来测量 logo、产品位置，以及判断照片和视频中的其他品牌信息。总的来说，它提供了对数字媒体平台上影响者、创作者和赞助的投资回报率的较为客观的度量。

在衡量赞助影响者和活动的效果时，品牌应注意哪些关键趋势？

我们看到赞助效果的衡量方式发生了巨大变化。在过去，电视媒体是资产价值的最大的驱动力。随着社交和数字平台的快速发展和粉丝消费内容方式的转变，情况已完全不同。在体育界，运动员、球队和联盟在社交媒体上就是资产，他们自己把控与球迷互动的方式，并决定要分享什么内容。这为赞助活动效果最大化提供了机会。

在衡量效果时，参与度相当于社交媒体和数字媒体的货币。在社交媒体上，你可以实时访问海量数据，以确定哪些粉丝何时在哪些平台上与哪些内容进行了互动，促销质量如何。在某些平台上，"印象"仍然是衡量效果的主要方式，但在社交媒体上，有大量数据可供测量，评估结果会更准确，以此为基础做出的决策也会更明智。

下一个大趋势将是整合测量数据。品牌或产业衡量赞助效果的方式存在差异。我们采访了一家欧洲足球俱乐部，该俱乐部通过 26 种不同工具收集数据，生成报告，以了解和量化这些数据的价值。我们非常需要一个单一来源的解决方案，将社交媒体、数字、电视和其他数据源整合到单一的平台或仪表盘中，这是我们过去几年关注的焦点。

最后，测量和量化信息是不够的。你需要从驱动投资回报率（ROI）和目标回报率（ROO）的数据中提取有用的信息。这些信息将有助于推动更明智的决策，优化与商业伙伴的合作。

对影响力营销和赞助方案效果评估不熟悉的人来说，什么是 EMV，它从何而来，如何计算，这些都是问题。

EMV 就是根据品牌推广的质量和获得的参与度来衡量品牌推广产生的价值。它是用来估算如果一个品牌在同一个平台上通过一次付费的宣传获得类似的参与度，其所需成本大概是多少。要计算 EMV，首先应该从平台和参与类型（如点赞、评论、分享、浏览）入手，对比内容的参与数与每次参与成本（CPE），减去基于促销效果的分数，包括 logo 大小和清晰度等因素（我们分析图像和视频以识别 logo 和产品）——如果有的话。

一些传统媒体人士对于用 EMV 来衡量影响力活动和赞助方案持怀疑态度。作为专家，您对此怎么看？

EMV 是评估活动和赞助行为的一部分。在某些情况下，它是测量和比较价值的唯一方法。但从根本上来说，赞助及营销活动的价值取决于品牌的目标。你想提高品牌亲和力，增加页面流量，推动销售，还是仅仅想提高品牌知名度？关键是根据目标衡量或直接将其与销售联系起来。这是我们平台关注的重点。EMV确实提供了一种非常有用的方法来衡量价值，更重要的是能通过它来思考如何优化和提升价值，比较判断各个合作伙伴孰优孰劣，或者基于各种指标（是全球范围的，还是根据不同领域，或在某个联盟中）评价合作伙伴，并跟踪随着时间的推移取得的进步或与竞争对手的关系。

当将EMV作为一种测量方法时，是否存在陷阱或品牌需要注意的事情？

在最高层级上，EMV仅仅是一个由特定运动员、团队等驱动的媒体价值的总和，更重要的是参与的受众是谁？你可以比较两个运动员，但如果其中一个运动员与你想要触及的目标人群完全无关，那他对你来说就不存在任何价值。

无论你使用什么EMV，请务必理解它是如何运作的，这样你就可以解释它并有效地使用它。我们对我们的模型持透明开放的态度，因为对我们来说最重要的是你如何使用它——知道它是如何运作的，这有助于你更有效地利用它。这并不是唯一重要的指标。根据你的品牌目标，还有一些其他方法可以帮助你在通往成功的道路上明确自己的进展。

在衡量影响力活动和赞助方案的效果方面，您对专业人士有什么战略建议？

从基础开始。了解你的目标并据此采取措施。与帮助你实现目标的公司和平台合作，这些公司和平台应不仅能提供数据或黑箱结果，还会给出意见和建议。并非所有的影响指标或EMV都具有相同的价值。受众很重要，亲和力也很重要。与一个测量平台合作，这个平台将与你一起达成你的目标。

通过测试和迭代，寻找有助于推动业务战略发展的洞察力。最重要的是，要从价值、调性、兴趣和受众构成的角度，和与你的品牌最匹配的影响者、运动员、团队、联盟合作。不要仅仅因为某人有大量的粉丝或者有比较高的粉丝参与度就盲目地与他合作。要确保他们适合你的品牌和目标。

体育赞助是为数不多的没有由于科技的发展，交易方式发生重大变化的交易市场之一。平台上增加的数据将像广告科技和市场科技那样实时驱动决策。因此，借助大数据、机器学习和人工智能，赞助将从响应式发展为预测式的，再到最终规范化，这将改变赞助的交易方式。普通客户会问我们"发生了什么"，而进步一些的客户会来找我们，告诉我们谁是他们的目标消费者及他们的总体战略……我们应该与谁合作，以最大化我们的投资回报率和目标回报率？后者才是未来的样子。

本章要点

- **在衡量价值之前，注重创造价值。** 把你的时间、精力和资源投入到为年轻人创造价值中去是你能做的最重要的事情，否则，任何衡量指标或价值测量方法都不会对你有帮助。

- **重视测量的基础。** 明确定义你想要追踪的内容，以及与你的目标相一致的各种指标，然后再进行测量。

- **围绕 EMV 模型制订影响力营销方案或赞助策略。** 根据实际参与度和推广质量，评估社交媒体和赞助计划的效果，而不是凭空想象。

- **了解与年轻人相关的社交平台的分析报告。** 你能接触到年轻受众吗？年轻人是否积极参与你发起的内容？他们的情绪是积极的还是消极的？

11

结语

与年轻人成功连接

　　无论是教育工作者、企业家、广告公司职员、慈善组织的负责人，还是面向年轻人的全球性品牌的员工，他们都有一个共同点：需要适应年轻人的频率。年轻人的频率是个性化的，是由许多不同的声音组成的，这些声音分别代表着不同的文化群体、亚群体和个人。他们在这一频率上交流和互动。频率代表了他们的本质。对于品牌来说，与他们同频率才能听到他们独特的声音，认识到他们不是一个同质的整体。当我们关注到与品牌最契合的年轻受众时，我们才能根据受众的需求，建立互惠互利的消费者—品牌关系。

　　本书的目标是为品牌提供实用策略以融入年轻人文化，在年轻人中建立品牌信誉。在整本书中，我们提供的原则和实践方案都旨在引导和激励你发现目标受众的特定频率。五大基本真理、年轻人文化圈行动框架和年轻人文化参与脚本都侧重于建立品牌和消费者之间真正的联系，提高参与度。虽然我们已经在本书中为你提供了行动计划、循序渐进的指导方针和检查表，但这不是全部。实际上，这只是一个起点。我们在年轻人市场积累的几十年的经验告诉我们，无论你是初创企业还是跨国公司，都要认真倾听来自年轻群体的信号。读完这本书后，我们希望你能在理解他们的道路上走得更远，能调到与他们相同的频率，从而能与他们成功连接。

来自年轻人营销渠道的故事

我们知道你们中的大多数人都在商业、市场营销、教育或宣传方面交过"学费",因此你们知道,你们面临的是挑战与回报并存的局面。我们一直致力于帮助品牌适应年轻人文化的频率——停止信息灌输,建立可信度。我们坚定地站在客户面前——汗水从我们的额头上滴下来——拒绝一个项目,而不是妥协,因为我们知道什么才是正确的。我们不眠不休试图找到与年轻消费者产生连接,提高他们参与度的最佳方法,尤其是在常常被品牌误判的年轻消费者的市场。我们利用多年的失败和成功经验来指导品牌——无论是初创公司还是跨国企业,重新评估其营销策略,以便让它们真正接触到年轻的目标消费者。

我们希望这本书能帮助你更深入地了解年轻人的频率,或任何与你的工作相关的频率。

这并不容易。在这个领域,没有常胜将军,没有品牌能每次都找对正确的波段。但有一件事是肯定的:作为营销人员,你每次踏上战场都会学到一些新的东西,而这些新的知识就是你最终获得胜利的利器。下面,我们将讲一些我们自己的战斗故事,因为讲故事是最好的传达信息的方式。

国家非营利性组织

对过时的市场营销说"不"，鼓励年轻人敞开心扉

这是不可避免的——如果你的品牌必须针对年轻人进行市场营销，那么你迟早要参与到以社会变革为主题的活动中去。因此，当一个专注于预防青少年吸毒和酗酒的非营利性组织向我们寻求帮助时，我们立刻应允下来。之后我们发现，这次合作真正改变了我们。

但是，我们没想到，合同规定我们要做的事情是做一个PPT和一个视频，来介绍这个项目。我们很快就发现用PPT不合适。我们的目标受众是初中生、高中生，而PPT并不适用；我们必须用他们的语言和他们的频率说话，否则我们会被他们屏蔽掉。

我们当时的处境很尴尬：我们怎么能告诉客户需要重新评估他们的方法呢？他们可是花了大力气通过了司法部的严格审批流程，才得以开展这个项目的！但重新评估是唯一合理的选择。因此，我们准备了一个替代方案，说服了客户，开始设计新方案。

我们开发了一个互动的卡片游戏，并打造了一个在线论坛，让青少年可以在上面表达他们对毒品和酒精的态度。它鼓励青少年和成年人通过讨论真实和虚构的场景，就酒精和毒品滥用问题进行对话，并以一种贴近他们的、参与性的方式帮助年轻人了解毒品和酒精的危害。这种方式很酷，也很有效，很快就成了全国公认的预防青少年酗酒与滥用毒品的好方法。

不过，我们"为什么做"比我们"做了什么"重要得多。帮客户做完简报，兑现支票，接着找下一个客户很简单，但从长远来看，这对任何人都没有好处。我们沉浸在年轻人的文化中，站在他们的立场，才得以知道用什么方式才能保持相关性，以受尊重的方式与年轻人互动，以实现积极的变化。我们拒绝沉默、机

械地执行我们明知行不通的项目。在这个只看营销成功率的世界里，你必须知道什么时候该站出来反对客户的计划。你还必须准备好一个妥协方案，在客户不同意你的优先方案的时候拿出来。当然，这个妥协方案不能影响最终结果。但如果客户同意你的优先方案呢？那就说明你离成功不远了。

全球娱乐公司

时机就是一切，一个有关接纳、多样化和"错过时机"的故事

2010 年，我们在年轻人文化领域已深耕多年。一家中东的教育和计算机生成图像（CGI）动画公司也和我们一样资深，他们正在酝酿一个非常有趣的挑战传统的儿童教育节目。这个节目讲述了一个美国男孩和一个约旦男孩的冒险故事和友谊，在节目中，两个男孩将探索东西方差异，并试着理解这种多样性。当他们来找我们为美国市场制定营销计划时，我们欣然接受了合作邀请。宽容、多样性和尊重正是我们追求的目标，如果我们能够帮助节目在美国推广，挖掘市场对它的需求，将这些价值观带入我们的家园，那就是在履行我们的使命。更重要的是，他们有知名演员为节目配音，使得这一切更加令人兴奋。我们全情投入，为节目在北美制订了一个稳固的市场进驻计划。

然而，2010 年还没有进入宽容的时代，也没有从孩子的视角让两种文化的友谊萌芽并茁壮成长的气候。我们知道这样大声说出事实听起来很刺耳，但这本书要做的就是揭示真理。与这个概念一样理想化的是，网络将包容和多样性看作是一种责任，而不是吸引客户的筹码。但无论个人信念如何，深入调查后我们发现，该节目的目标在北美市场是注定无法实现的。最终，这个节目没有在北美播出。

我们知道这个项目很有挑战性，但没有预料到会这么难。我们花了大把精力研究如何最好地将这个好产品推向目标市场。如果时间能快进到今天，这个节目

必定会在北美各地的电视上播放，家长们都会借它来探讨多样性和包容性——但在当时那个年代，我们过于超前了。每做一个项目，你至少要吸取一个教训。毫无疑问，从这个项目中，我们吸取的最有价值的教训是：在市场营销领域，时机就是一切。

全球消费品（CPG）品牌

我们是如何造出世界上最有趣的漱口水的

当一家全球消费品公司来找我们，告诉我们要为年轻人研发一种新型漱口水时，我们毫无头绪。作为成年人，我们都很难记住每天使用牙线，更不用说让孩子们放下手机来做这件事情，并且要他们对口腔卫生产品感到兴奋。那简直是天方夜谭。

我们本能地知道只有一条合理的路可走，那就是向我们认识的最有资格、最有洞察力的专家——青少年求助。但是他们不太愿意谈论身体健康和卫生等话题，我们意识到必须以一种特别的方式让他们觉得能舒服自在地表达自己。而这种方式就是——你猜对了——游戏！通过我们的虚拟口味实验室和相关的游戏化体验，青少年们走进商店，购买原料，把它们捣碎，还把整个过程拍摄下来。他们甚至制作了数字拼贴画，以视觉的形式分享想法或他们喜爱的风味配比。游戏化减轻了青少年与成年人一起工作的障碍。游戏分散他们的注意力，考验他们的能力，让他们暂时忘却自我。而对我们来说，它给我们提供了很多信息，让我们能够获悉青少年使用牙线的频率，以及这个年龄段的群体如何看待身体健康和卫生问题。我们根据年龄、地区、地理位置、种族、性别、日常习惯和日常例行活动对我们的青少年咨询小组进行了划分，这有助于我们更清楚地看到不同的小组如何改变他们的习惯，其推动力是什么。他们知道自己正在努力实现的目标，并且全力以赴，因为他们意识到自己是在共同创造一个全新的产品。在整个项目中，我们的工作就是倾听和观察。因为我们深知，没有他们的直接参与，我们绝对没办法完成任务。

与青少年合作的结果是，新的漱口水味道和配方非常受青少年的青睐，成了这家全球消费品公司的爆款产品。我们的咨询小组帮助我们在漱口水这个看似饱和的市场找到了突破口，找到了一个全新的产品需求，也证明了蓝海依然存在，还等着我们去探索开发。

如果你真的愿意与真实的用户合作，你就一定要倾听这个用户群体的反馈。

美国服装公司

闪光的东西不一定是金子，但你的核心市场是 18 克拉的

当一位当代音乐偶像和服装品牌合作时，常常能引起巨大的成功。品牌的销售量会提高到前所未有的水平，甚至会给我们留下永久的印象。下面的故事不是我们自己的，而是我们一位亲密同事的，它告诉我们，有时候，你要看清楚面前闪闪发光的东西是真金白银，还是只是会闪光的玻璃珠子。

不久前，一位非常著名的音乐大师找到他挚爱一生的美国服装品牌，提出跟他们合作，以自己的名字、脸孔和名声与品牌联合。就在此前，他与一家全球鞋业公司的合作取得了惊人的成功，因此与这个服装品牌的合作似乎也是水到渠成的事。然而现实情况是，这个服装品牌拒绝了音乐大师的提议。随便想一想就能知道，如此高级别的合作将使品牌的销售额猛增，并会让品牌在新市场确立知名度。但这正是问题所在。这个品牌是个老品牌，虽然形形色色的人都穿它，但它的核心客户仍然与几十年前它刚上架时的客户相差无几。而这批核心客户并不热衷于一位说唱歌手，他们之间的价值观相去甚远。虽然该品牌可能获得短期收

益——不管收益有多巨大——它仍有失去核心受众的风险。就像一座地基不稳的房子，终有一天会崩塌；这不会在旦夕之间发生，但终究无法逃避。该公司最终决定，他们要在未来几代人的时间里继续深耕这一领域，就不得不做出这个惊心动魄又无比勇敢的决定——拒绝这一合作请求。

认识到正确的决定并不容易，就像这家公司经历的那样，坚持这一决定可能更加困难。在上面这个案例中，从各个角度推想，无论是代理商、管理者、员工，还是音乐家本人，都不相信他们会拒绝音乐家及他的个人品牌。但即便如此，公司还是坚持了自己的主张，因为公司知道合作的短期收益很可能会被剥夺核心客户权利的风险所抵消，而这是他们无法承受的。

对品牌和它的消费者了解透彻；面对短期收益不盲目，而是考虑品牌的长期效益；为正确的理念而战……这就是营销的真理。

能量饮料公司

你可以买到资产，但你不能买到关联

在建立信任这条路上，没有捷径。

很久以前，在北美洲的偏远北部，有一个杂货品牌看到了卖能量饮料的黄金时机。它认为，如果与当时世界上最大的运动品牌合作，就能够让品牌与体育文化挂上钩，然后从中获取高利润回报。但这只是个童话故事，因为建立关联不是一朝一夕的事情，这里没有捷径，也无法作假。

一开始这似乎是个好主意——让一个全球知名品牌的名字出现在针对该品牌市场的功能饮料上，然后占领货架，自然就能占有市场份额。凭借它借用的品牌效应，这无疑是一个很明智的选择，对吧？错了。在这个世界上，没有什么是不用付出汗水、眼泪和辛苦就能获得的，而这家公司没有认识到这个真理。它认为

自己可以轻松地进入市场，让品牌来完成剩下的工作。它对市场不够了解，对创造性执行缺乏关注，也没有注意到它与目标市场的文化脱节得太厉害，以至于最终完全偏离了目标。

一出场就吸引年轻消费者的注意力没有想得那么容易，尤其是那些热爱运动的消费者。事实上，他们可能是最难忠诚于一个品牌的社群之一。如果你在营销中不够真实，发布不着调的言论或怪诞的图像，那么一切就完了。他们会立刻把你踢出圈子。

该品牌在一年内就销声匿迹了。它依靠的是买来的品牌资产，却没有在文化上进行投资，因此，它从来没有获得过目标消费者的尊重。很明显，它没有在项目中引入年轻人市场顾问，以确保它在正确的波段上与目标消费者交流，并踩准对方的调性。很明显，它缺乏市场调研。了解你的消费群体的需求、需要和频率并不是什么高深的科学，只需要时间和深思熟虑。如果该品牌曾努力与目标消费者保持一致，与他们建立真正的关系，就会获得信任，继而才能开展销售。不幸的是，该品牌一步棋都没走对。

世界知名娱乐综合体
拥抱年轻人文化的魔力，或者面对音乐

谁不想去游乐园玩？事实证明，2015 年有相当多青少年去了游乐园。青少年——9 ～ 13 岁的孩子——有儿童的纯真，也有年轻人的叛逆。他们是经常被忽略的一个特殊市场。鉴于孩子们对家庭决策的影响越来越大及其越发强烈的自我意识，聪明的营销人员不应该低估他们的力量。如果你认为你的孩子去年觉得超棒的东西到了今年还能吸引他们，那就大错特错了。

我们来看一个世界闻名的游乐园。青少年以前觉得它一点都不酷。由于游乐

园把市场营销的火力主要集中在卡通人物上，正处于叛逆期的青少年群体认为这个游乐园对他们来说太幼稚了，他们表现出的寥寥兴趣对家庭度假决策产生了影响。当我们受邀提高青少年对这个游乐园的兴趣及对这个品牌的认知时，我们的第一步是在我们的移动青少年社区进行深入调研。我们与我们的"95后"调研小组并肩工作，他们每周都参与不同的游乐园和品牌相关项目，然后通过 KidSay 表达他们的意见和反馈。他们还参与了游戏化的项目构思，比如参与人物投票和概念落地。我们不只要求反馈，我们还要求他们去创造，并以文字和可视化形式表达出来。正是通过我们青少年小组的这些想法和判断，我们才能够制订出不与文化脱节的行动计划。我们仔细倾听他们想去或不想去游乐园的理由，这使我们能够推进和完善游乐园在社交渠道上的发声，使其更具相关性且以年轻人为中心。我们共同在 Instagram 和 YouTube 上创建了一个青少年参与策略指南，还在公司自己的网站上针对青少年的父母开辟了一个版块。

　　这个年龄段的人与我们的交流方式不同。他们跳过了电子邮件时代，几乎不打电话，也不玩 Facebook，但他们在 Instagram 和 YouTube 上的参与度很高。有了年轻人咨询小组的可靠信息和建议，我们设计出了一系列市场营销活动，如具有针对性的 Instagram 竞赛，这不光是一个营销活动，还帮助游乐园把针对青少年的 Instagram 账号的粉丝量从 0 增加到了 23.8 万！而这仅仅花了 18 个月的时间！与此同时，游乐园的 YouTube 频道也获得了 2400 万次浏览，这也是用户洞察、创意构思和受众验证产生巨大影响的额外证据。

　　亚里士多德可能是对的——他说，了解你自身是一切智慧的开端。但了解别人并懂得如何在他们的频率上与之交流，是年轻人市场营销的核心和灵魂。

在应对工作和家庭生活的同时还要写一本书无疑是一大挑战，这对许多人来说需要坚定不移的意志才能完成。对参与这本书创作的每一个人，我们都致以万分的谢意。

没有这些人的通力协作，我们不可能真正融入年轻人中，因此，我们首先要感谢每一个参与到调查全国"95 后"特性这一行动中的人。正是他们对问题的深度回答、坦率的观点和创造力，塑造了这本书的方方面面；是他们激励我们走到了最后，也是他们帮助我们确认想法正确与否。尤其要感谢我们的一位朋友，索菲亚·劳恩斯坦（Sofia Lowenstein），她是创业和科技学校英文学院院长，是她与我们一起在圣地亚哥发起了这个调查行动。

同样要感谢的是众多年轻创业者、影响者、创作者和管理者，感谢他们在我们的访谈、马拉松式的短信沟通中的付出，更重要的是他们对品牌方提出的毫无保留的宝贵意见。我们还要感谢杰克·斯柯洛达（Jake Skoloda）、康纳·布莱克利（Connor Blakely）、詹克·欧茨（Jenk Oz）和科迪·谢恩（Kodie Shane），感谢他们百忙之中抽出时间来帮助我们。

我们要感谢苏珊·斯坦利（Susan Stanley）主动（确实用了她所有的闲暇时间）帮我们克服写这本书时遇到的困难，尤其要感谢她帮我们组织想法、编辑文稿及对整个写作过程的统筹。她是位英雄，我们十分感激。

感谢佐伊·奥克萨宁（Zoe Oksanen），她不但以朋友的身份支持我们，还帮我们做了编辑工作，在孩子参加足球赛的时候帮我们修改文章，审核、完善章节直到深夜，尤其在本书出版的最后阶段。

我们还要感谢专家团队，很荣幸可以称呼他们为朋友和同事。没有他们，从这本书中只能看到两个年轻的市场营销和数字媒体专家的视角，是他们丰富了这本书的内容。由于不能罗列我所采访、引用和通过邮件、电话、短信联系的每一个人，我们在此列出一些与我们分享他们品牌故事的人：Complex 媒体公司的创始人兼首席执行官里奇·安东尼洛（Rich Antoniello），GameStop Partnerships 的主管约翰·达威森（John Davidson），微软公司的杰弗里·科隆（Geoffrey Colon），丹·温格（Dan Winger）和乐高公司，赛巴斯汀·马克（Sebastien Marcq），MC projects 和 Brent Rivera Talent Management 的联合创始人查理·布文（Charlie Buffin），Hookit 公司的弗朗·理查德（Fran Richards）、R.J. 克劳斯（R.J.Kraus）和斯科特·蒂尔顿（Scott Tilton），来自 Civic Entertainment 集团的莎拉·昂格尔（Sara Unger），The Berrics① 公司总裁史蒂芬·贝拉（Steve Berra），来自 Carhartt 公司的亚当·威尔逊（Adam Wilson）、凯文·威金斯（Kevin Wilkins），来自三星的尼克·崔（Nick Tran），米歇尔·阿巴塔（Michael Abata），VidCon 公司的吉姆·劳德拜克（Jim Louderback），Landscape Structures 的斯蒂夫（Steve）及已故的巴尔博·金（Barb King），以及耐克公司的凯文·麦克纳姆拉（Kevin Macnamura）和森迪·波代克（Sandy Bodecker）。此外，我还要感谢米里·罗德里格斯（Miri Rodriguez），她为我们写了非常棒的推荐序，我们深感荣幸。

---

① The Berrics：一家由专业滑板者史蒂芬·贝拉和艾瑞克·克斯顿成立的私人室内滑板场，同时拥有自己的滑板文化网站，提供滑板圈的咨询和内容分享。

我们的好朋友、创意大师迈克·卡内维尔（Mike Carnevale）明白我们的愿景，为这本书手绘了插图，设计了所有视觉元素，非常感谢他为此付出的时间和精力。同样要感谢的是格兰特·布列特（Grant Brittain），谢谢他多年来的智慧和友谊，感谢他一生致力于滑板摄影，谢谢他为动物滑板场（Animal Chin Ramp）拍摄的照片。此外，我们想要感谢曾经的合作伙伴辛迪（Cindy）和凯斯·惠特（Keith White），我们曾合作创办 Immersive Youth 营销公司（2016年被 Motivate 公司收购）。

特别要感谢 Motivate 公司的首席执行官特雷弗·汉森（Trevor Hansen）和创始人玛西亚·汉森（Marcia Hansen），谢谢他们信任我们，赋予我们必要的领导力，让我们可以将年轻文化活动作为 Motivate 公司的一部分。该公司对行业有独到的见解、策略和媒体活跃度，利用文化"同频"（cultural alignment）提升投资回报率。

我们还要感谢我们的合作伙伴 KidSay，它为我们提供了分析数据。如果没有它，就没有广泛的、定量的年轻人趋势分析，我们就无法写成这本书。尤其要感谢瑞恩·斯克弗尔德（Ryan Scofield）、鲍勃·雷诺兹（Bob Reynolds）、特伦斯·伯克（Terence Burke）和卡罗琳·卡朗（Carolyn Callen）。

我们很高兴能和 Kogan Page 出版社的团队合作，他们带领着我们走完了这一整个出版流程。我们的责任编辑珍妮·弗里什（Jenny Volich）找到我们，并从一开始就对这个项目非常有信心。我们的策划编辑夏洛特·欧文（Charlotte Owen）自始至终和 Kogan Page 的发行人克里斯·卡迪摩尔（Chris Cudmore）一同支持着我们，克里斯让这本书得以面世。

德里克·贝尔德在此想单独感谢一下 Kogan Page 出版社的夏洛特·欧文，她在我们写这本书的初稿时贡献了富有经验的指导意见；还要谢谢约翰·斯夫拉

（John Saveland）花时间给本书作反馈、提意见、做审核；谢谢贾罗德·沃尔兹（Jarrod Walzcer）慷慨地允许我将我们的共同研究成果部分用于本书中；谢谢格雷格邀请我和他一起创作，谢谢在我写这本书的过程中与我交谈的每个人，我会把你们的贡献、灵感启发和支持永远记在心里。

格雷格·威特在此还要感谢滑板界的所有人，是这些人帮助我发现了自己的热情所在，激励我追求自己的事业，让我和一群最出色的年轻人有了交集。最想感谢的是父母、茱莉（Julie）、特里·威特（Terry Witt），谢谢他们从我 16 岁起就坚定地肯定我为事业所做的努力，谢谢玛丽·博尔德温（Marry Baldwin）和戴夫·海内斯（Dave Hennis）从第一天起就一直陪伴在我左右。

图书在版编目(CIP)数据

新生代消费者要什么：个性时代的品牌生存法则 / （美）格雷格·L. 威特，（美）德里克·E. 贝尔德著 ； 彭琪美译. -- 杭州：浙江大学出版社，2020.5
书名原文：The Gen Z Frequency
ISBN 978-7-308-19647-5

Ⅰ. ①新⋯ Ⅱ. ①格⋯ ②德⋯ ③彭⋯ Ⅲ. ①品牌营销—研究 Ⅳ. ①F713.50

中国版本图书馆CIP数据核字(2019)第236946号

© Gregg L. Witt, Derek E. Baird, 2018
This translation of The Gen Z Frequency is published by arrangement with Kogan Page.

浙江省版权局著作权合同登记图字：11-2019-150号

新生代消费者要什么：个性时代的品牌生存法则

(美)格雷格·L. 威特、(美)德里克·E. 贝尔德　著；彭琪美　译

策　　划	杭州蓝狮子文化创意股份有限公司
责任编辑	张一弛
责任校对	杨利军　董齐琪
封面设计	水玉银文化
排　　版	杭州林智广告有限公司
出版发行	浙江大学出版社
	（杭州市天目山路148号　　邮政编码　310007）
	（网址：http://www.zjupress.com)
印　　刷	杭州钱江彩色印务有限公司
开　　本	710mm×1000mm　1/16
印　　张	16.5
字　　数	187千
版 印 次	2020年5月第1版　2020年5月第1次印刷
书　　号	ISBN 978-7-308-19647-5
定　　价	52.00元